神の社は何故そこに

〜東経135度47分の神秘〜

安藤　渉

目次

第三章　『すめらぎの路』その一……63

第一章

プロローグ

あなたは神々を信じますか?

別に新興宗教の勧誘をしているわけではない。筆者である私は墓参りに行っては「南無阿弥陀仏《なむあみだぶつ》」と唱え、クリスマスにジングルベルを歌って何の違和感を覚えない、至って一般的な日本人である。神社には、正月に初詣《はつもうで》に行き、知人が病気なら健康の回復を祈るため、受験があれば合格祈願のために行く。地元の神社の祭に参加し、神輿《みこし》を担ぐのを生き甲斐にしている人もいる。そう、日本人は古来より、神々を祀《まつ》り、神々と共に生きてきたのである。

令和元年(2019年)12月、新型ウイルスが中国湖北省の武漢市で発見され、翌年1月23日、湖北省は世界最初の都市封鎖を実施した。2月3日、日本政府は横浜港に入港したダイヤモンドプリンセス号に対し、乗船乗客の下船を許可しなかった。こうして、コロナウイルスとの戦いが始まった。海外との往来もなくなり、実質的な「鎖国」状態となった。さらに3月には、国内でも県をまたいだ移動の自粛が求められた。兵庫県在住で、大阪府に職場のあった私にとって、そのような自粛に従うことは不可能であり、少しでも他人と接触しないよう自家用車で通勤していた。

一方、県内の移動は許されており、3月に家族で自宅と同じ兵庫県内にある淡路島へ旅行した。兵庫県は、北は日本海に面し、間に瀬戸内海を有し、南は淡路島から太平洋につながっているとても大きな県である。飛鳥時代から明治時代初期まで用いられた行政区分である令制《りょうせい》国をあてはめてみると、摂津国《せっつのくに》西部、丹波国《たんばのくに》南西部、但馬国《たじまのくに》、播磨国《はりまのくに》、淡路国《あわじのくに》、わずかながら美作国《みまさかのくに》東部、備前国《びぜんのくに》南東部と七国にもまたがっている。昔であれば、自宅も職場も摂津国《せっつのくに》にあることになるので、もし令制《りょうせい》国が残っていれば、「国をまたいだ移動の自粛」を守っていたことになる。しかし、淡路国《あわじのくに》への旅行はためらわれていたであろう。

淡路島を訪れた際に、コロナ退散を祈願するため神社を詣でることにした。困った時の神頼みである。観光マップをみると「伊弉諾《いざなぎ》神宮」とある。イザナギとは確か、日本の国土や神様を作った神様で初代神武天皇につながっていたはずである。そして、日本の国土として初めて生まれたのが淡路島だったはずだ。

伊弉諾《いざなぎ》神宮の参道を進むと、興味深い石碑があった。『陽の道しるべ』という石碑である。この石碑をみた時、大学生時代にグラハム・ハンコック著の「神々の指紋」[1]を読んだ時と同じような興奮を味わった。

「神々の指紋」の中では、ギザの三大ピラミッドがナイル川を天の川に見立てた時のオリオン座の中央に三つ並んでいる星の配列と同じように配置されていて、またその大きさが星の明るさを表しているのではと書いてあったと記憶している。当時、世界地図をみて確認しようとしたが、エジプトの一地方が詳細に書かれていた地図がなくあきらめた。もっとも、この本の内容は学術的には否定されているそうだが、わが国の太古の人々も同じようなことを考えていて、神社・史跡のある場所に意味を持たせたのだろうか。

太古の出来事を知るには、古事記が日本で最も古い書物であり、てっとりばやい。そういえば本棚に「マンガ古典文庫・古事記」[2]があったはずだ。また、石碑の内容が本当かどうか確認しようと思いパソコンを立ち上げた・・・

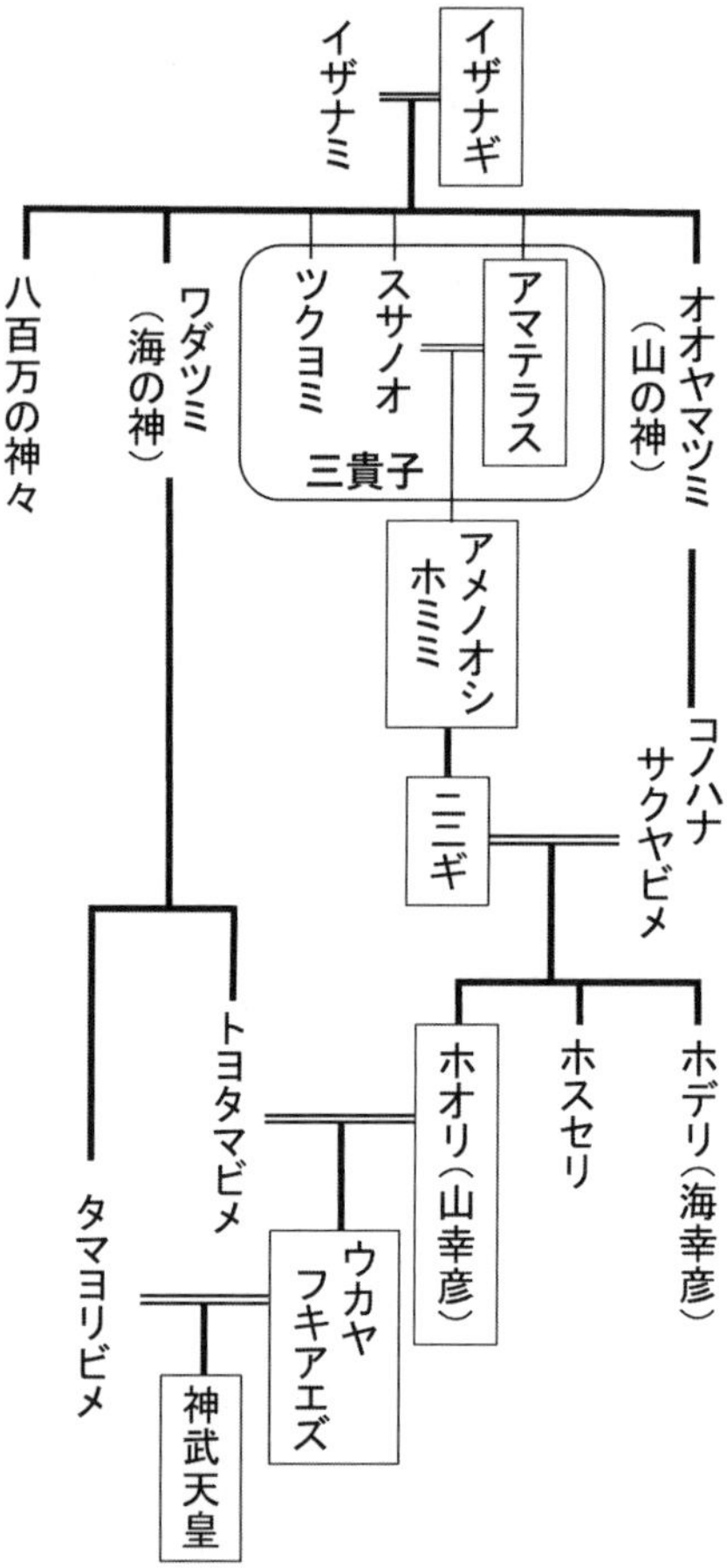

イザナギから神武天皇までの系譜

第二章

伊弉諾神宮と「陽の道しるべ」

一　伊弉諾神宮　〜国生み神話〜

伊弉諾《いざなぎ》神宮を知る上で欠かせないのは、イザナギと国生み神話である。第四十代天武天皇の命により、太安万侶《おおのやすまろ》によって編纂《へんさん》され、和銅5年（712年）に第四十三代元明天皇に献上されたのが、現存するわが国最古の書物とされる古事記である。最古の書物である古事記が歴史書で、日本の国の成り立ちを記述しているという事実から、当時の人たちがこの国の成り立ちこそが最も重要であると考えていたとうかがえる。

一方、歴史書とはあくまで、勝者がその正統性を後世に示すために書かれることが多い。皇室を中心とする大和政権が自分たちの都合の良いように古事記を編纂したであろうことは頭の片隅に置きながら読み進めるのが良い。しかし、少なくとも、古事記が書かれた時代から現代まで脈々と続いているのが皇室であり、皇室につながる神話を中心とした神々を祀っているのが神社・神道である。これまでの歴史の延長上に私たちが今ここにいて、古くから続く神社を身近に感じながら日々の生活を営んでいるのである。従って、この古事記の内容に身を委ねてみよう。その古事記の冒頭に描かれているのが、「国生み神話」だ。

この世がはじまり、まだ天と地が混沌としていた頃の話である。天は高天原《たかまがはら》と呼ばれていた。この高天原《たかまがはら》に、すがたかたちの無い別天津神《ことあまつかみ》の五柱の神々が生まれた。神様を数えるときは、「柱」という単位を用いる。すがたかたちが無いというので、それこそ心の中にある「神」という概念であろう。「精神」という言葉には「生命や宇宙の根源と考えられる、形而上《けいじじょう》の存在」という意味もある。このように、この世の初めにまず精神が生まれたのだ。

次に、性別とすがたかたちが有る、つまり肉体を持つ神世七代《かみよのななよ》の神々が生まれた。神世七代の中で最後に生まれた男女の神々が、この国生み神話の主人公である男神のイザナギ、女神のイザナミである。

イザナギとイザナミは、別天津神《ことあまつかみ》の神々から、まだ混沌としていた大地を完成させるように命じられ、天沼矛《あめのぬぼこ》を与えられた。高天原《たかまがはら》と地上との間に架かる天浮橋《あめのうきはし》に立ち、天沼矛を混沌としていた大地におろした。「こをろこをろ」とゆっくりかき混ぜた後で、矛をゆっくりと持ち上げた。このときに、矛からしずくが垂れて固まり、できた島が淤能碁呂島《おのごろじま》である。

イザナギとイザナミは新しくできたばかりの淤能碁呂島《おのころじま》に降り立ち、そこで結婚したところ、ヒルコという障害のある子どもが生まれた。この理由を高天原《たかまがはら》の神々に尋ねると、女のイザナミのほうから誘ったためであるという。ヒルコは葦《あし》で作った船にいれて流された。次に男のイザナギの方から誘ったところ、今度はうまく子供ができ、できた子供が淡路島である。その後、四国、隠岐島、九州、壱岐島、対馬、佐渡島、そして最後に本州が生まれた。これらを大八島国《おおやしまのくに》という。さらに次々と島を生み、日本の国土が生まれた。これが国生み神話である。

イザナミはさらに数々の森羅万象の神々を生んだ。しかし、火の神である迦具土神《カグツチ》を生んだ際に火傷を負ってしまい、病に伏せ、ついに亡くなってしまった。イザナミは比婆山（島根県安来市）に葬られ、黄泉《よみ》の国へと旅立った。

一方、残されたイザナギはイザナミを追いかけ黄泉の国へと向かい、そこでイザナミに出会った。イザナミは、「地上に戻ってよいか黄泉の国の神々と相談するので、いいと言うまで決して見ないよう」と頼んだ。しかし、イザナギは我慢できずについにイザナミを見てしまった。そこには、残念ながら腐りかけたイザナミがいた。驚いたイザナギは必死に地上に戻った。

黄泉の国の穢れをとるため、禊を行った際に様々な神々が生まれ、最後の禊で生まれたのが、天照大御神《アマテラスオオミカミ》、月読命《ツクヨミノミコト》、須佐之男命《スサノオノミコト》の三貴子である。イザナギはアマテラスオオミカミに天の領域である高天原《たかまがはら》とこの地上世界である葦原中つ国《あしはらなかつくに》を、ツクヨミに夜《よる》の食国《おすくに》、つまり夜の世界を、スサノオに滄海原《あおのうなばら》、つまり海の世界を治めるように命じた。その後、淡路の幽宮《かくりのみや》に静かにお隠れになった。

イザナギが終焉を迎えられた幽宮に神陵が築かれ、その地に創建されたのが伊弉諾《いざなぎ》神宮である。その創建は神代とされている[3]が日本書紀の記述等によると五世紀ごろともいわれている。

兵庫県淡路市多賀にある神社で、主祭神は、伊弉諾尊《イザナギノミコト》と伊弉冉尊《イザナミノミコト》である。

各令制国の中で最も社格の高いとされる神社が一宮《いちのみや》であり、原則的に令制国一国あたり一社を建前としている。伊弉諾《いざなぎ》神宮は淡路国一宮である。もともと伊弉諾《いざなぎ》神社の名称であったが、昭和29年（1954年）に、第百二十四代昭和天皇が「神宮号」を宣下され、兵庫県下唯一の「神宮」に昇格した。

日本書紀では伊勢神宮、石上《いそのかみ》神宮、出雲大神宮のみが「神宮」と記載されていた。延長5年（927年）に日本の神社についてまとめられた最も古い書物である延喜式神名帳によると、大神宮（伊勢皇大神宮）・鹿島神宮・香取神宮が「神宮」と表記されている。そもそも、神社は大小あわせて全国で八万もある。神社は、普通は○○社といわれるが、格が上がれば○○宮、さらに重要な神社が神宮と呼ばれる。神宮の社号を名乗るためには天皇の勅許《ちょっきょ》（宮号宣下）が必要であった。そのため、神宮を名乗っているのは皇統につながるなど特別な由緒を持つ神社に限られている。

国生み神話で最初にできた島が淡路島であったということが、いったい何を意味しているのかは分からない。しかし、この国土を作った神々が祀られている伊弉諾《いざなぎ》神社が太古の昔よりこの地にあり、またそれが、今では数少ない格式のある神宮に格上げされこの地に鎮座しているのは事実である。そして、この物語もこの伊弉諾《いざなぎ》神宮から始まるのである。

二　伊弉諾神宮　～陽の道しるべ～

伊弉諾《いざなぎ》神宮の参道を進んで行くと、左手に大きな日時計のような石造の造形物と石碑がある。この石碑には、『陽の道しるべ』という、伊弉諾《いざなぎ》神宮を中心とした太陽の運行図が記されている。

朝の早い時間に出かけてこの石碑の写真を撮ったので、ちょうど東から日光が当たり、周りの木々の影がこの石碑に写ってしまった。影の無いきれいな石碑の写真を撮りたければ、午後に行ったほうがよさそうだ。

古代の遺跡が直線的に並ぶよう配置されていることがあり、その遺跡群が描く直線をレイラインと呼ぶ。古代からその地にある神社が多く、この石碑が示す直線もレイラインの一種といえる。そして、その直線の方向が、春分・秋分、冬至や夏至の日の入り、日の出の方角であるということで、太陽の運行を加味してその呼称を『陽の道しるべ』としているので

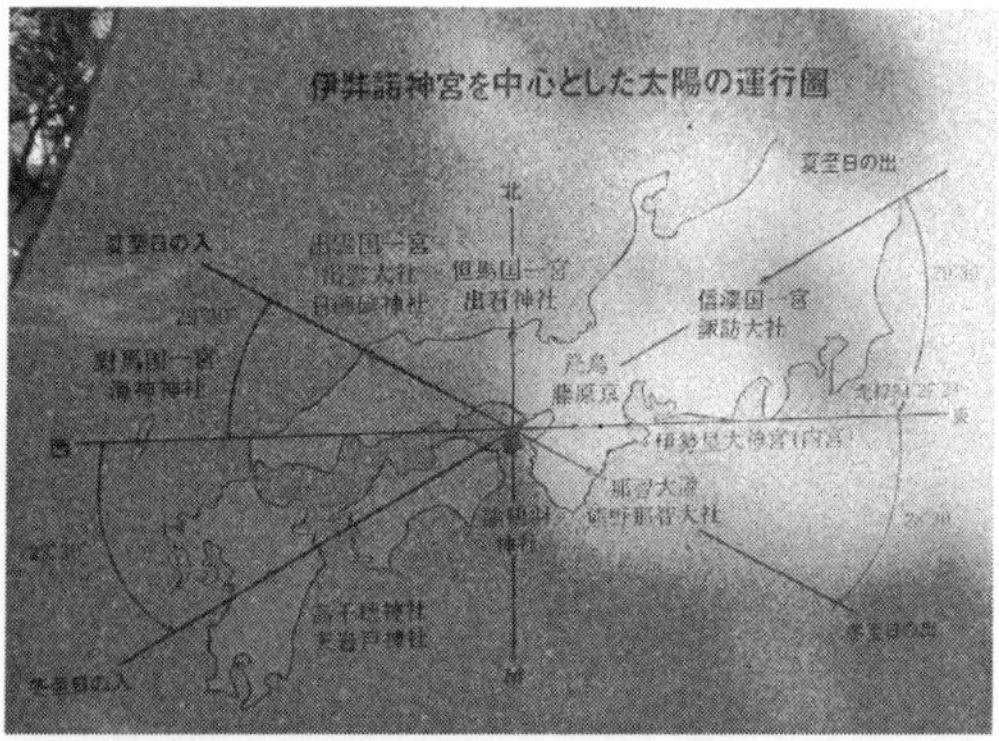

伊弉諾神宮『陽の道しるべ』の石碑．筆者撮影

あろう。その日本語の響きは「レイライン」と呼ぶより想像力がはるかに掻き立てられる。

伊弉諾《いざなぎ》神宮の夏至の日の出の方角には、信濃国《しなののくに》一宮の諏訪大社、夏至の日の入りの方角には出雲国《いづものくに》一宮である出雲大社と日御碕《ひのみさき》神社があることを示している。また、冬至の日の出の方角には那智大滝、熊野那智大社がある。冬至の日の入りの方角には高千穂神社と天岩戸《あまのいわと》神社があるというのも興味深い。北の方角には、但馬国《たじまのくに》一宮の出石《いずし》神社があり、南には諭鶴羽《ゆづるは》神社とある。真東に飛鳥藤原京があり、さらにその東には伊勢の皇大神宮（内宮）がある。一方、真西の遥か彼方には、対馬国一宮の海神神社がある。

伊弉諾《いざなぎ》神社が創建されたと伝えられているのが五世紀頃である。伊勢の神宮も、かなり昔に創建されたであろうし、諏訪大社、出雲大社、海神《わたつみ》神社なども古くからその地にありそうなものである。衛星写真もないような古い時代から、どのようにこれらの神社を全国各地に、一定の方角に配置させたのだろうかと考えると、なにかロマンを感じずにはいられない。

ところで、伊弉諾《いざなぎ》神宮を中心に描かれた方角の直線と神社等の位置は本当に正しいのだろうか。そこで、パソコンの前に座りグーグルマップ（Google®）で調べてみることにした。なお、グーグルマップは非常に便利であるが、地図の画像の使用許諾が書物では認められていない。そこで、画像を用いる時には、OpenStreetMap〔4〕の画像を用いることにした。クレジットさえすれば、データを自由にコピー、配布、送信、利用することができる。

三　緯度・経度、日の出・日の入りの方角の計測方法

グーグルマップを用いた緯度・経度の計測と表記法　〜DMS表記とDEG表記〜

インターネットで簡単に情報を収集できる現在は、本当に便利な時代である。グーグルマップにアクセスして、地図をみて、知りたい地点をクリックすれば、緯度・経度が表示される。拡大すれば神社の本殿の緯度・経度まで同定できる。

緯度・経度を表す表記法として、度、分、秒で表すDMS（Degree Minute Second）表記と、十進数で小数点を用いて度のみで表すDEG（Degree）表記の二つがある。

「台風第18号は、30日21時にはフィリピンの東の北緯14度50分、東経136度40分にあって・・・」などの天気予報の中で我々はよく緯度・経度を耳にする。この度・分・秒で表される表記法をDMS表記という。一方、グーグルマップでは、十進法であるDEG表記で緯度・経度が表示されている。この本の中では、グーグルマップのDEG表記ではなく、耳慣れたDMS表記で緯度・経度を表すこととする。

エクセルによるＤＥＧ表記からＤＭＳ表記の変換法

ＤＥＧ表記からＤＭＳ表記に変換する方法は次の通りである。ＤＥＧ表記の整数部分はＤＭＳ表記と同じであるが、ＤＥＧ表記の小数点以下の数字を１００倍して60で割ると、その値の整数部分がＤＭＳ表記の「分」の値である。次に、残りの少数点以下の数字を１００倍して60で割り、四捨五入した値を、ＤＭＳ表記の「秒」の値として採用する。表計算ソフトであるエクセル（Microsoft®）を用いれば即座に計算できる。次の式の［A1］に求めたいＤＥＧ表記の緯度・経度の値を挿入すると、ＤＭＳ表記に変換される。

ＤＭＳ表記＝TEXT([A1]*"1:0","[hh]゜mm′ss″")

ある地点からの日の出・日の入りの方角の確認法

ある地点から調べたい日時の日の出日の入りの時刻と方角が一目でわかる「日の出日の入時刻方角マップ」という便利なサイトがある[5]。このサイトを使うと、調べたい地点の夏至・冬至の日の出・日の入りの方角が線で表される。これからこの本を読み進めていく上で、実際にこれらを使って自分で調べながら読んでいくと、より楽しく読み進めていけるのではないかと思う。

四　緯度・経度の距離の違い

ここで、緯度・経度が０．０１度変わると、どの程度の距離が変わるかを考えてみたい。地球の極周長が３９９４１km、赤道周長が４００７５kmだとされている。緯度は地球上どこでも同じなので、１度の違いは極周長である３９９４１kmを３６０度で割って、１１０．９５kmとなる。０．０１度の違いは１１０．９５kmを１００で割って１１０９．５m、１分の違いは、１１０．９５kmを60で割って１８４９mという事になる。

一方、同じ緯度における経度の違いによる距離の変化はその地点の緯度を加味しなければならず、東京都のおよその緯度である北緯３５度の地点で考えると、三角関数を使って、１度あたりの距離は４００７５km×Cos（35度）÷３６０＝９１．１９kmとなる。つまり、０．０１度の違いは９１１．９m、１分の違いは９１．１９kmを60で割って１５２０m、となる。

０．０１度の緯度の違い：　１１１０m
０．０１度の経度の違い：　９１１．９m

1分の緯度の違い：　1849m
1分の経度の違い：　1520m

1秒の違いは、この値を60で割ると計算できる。

1秒の緯度の違い：　30.8m
1秒の経度の違い：　25.3m

つまり、経度で1分の違いであれば、歩いて三十分程度の距離感、経度で1秒の違いであれば、歩いて二十秒から三十秒程度の距離感である。理論的には正しいはずなのだが、地図上での計測では、三次元のものを二次元にしているので少し距離が異なる。まあ、誤差範囲だと思っていただき、距離感を頭にうかべながら読み進めていただければと思う。

五　『陽の道しるべ』〜冬至の日の出の方角〜

それでは、『陽の道しるべ』に登場する神社の位置を確認していこう。まず、「日の出日の入時刻方角マップ」を使い、伊弉諾《いざなぎ》神宮を中心に夏至、冬至の日の出・日の入りの方角の線を引いてみる。冬至の日の出の方角は紀伊半島の東に至る。

『陽の道しるべ』でこの方角に示すのは熊野那智大社であるが、実際には図のようにその線からかなり離れた場所に位置している。そこで、伊弉諾《いざなぎ》神宮から冬至の日の出の方角の線と紀伊半島東岸とが交わっている周辺を調べてみた。すると、地元の名所・名跡の場所が表示されてくる。そこに花窟神社という神社の名前を見つけた。

花窟《はなのいわや》神社は三重県熊野市有馬町に所在する神社である。主祭神を調べると、イザナギの妻であるイザナミではないか！しかも、イザナミの死の原因となった軻遇突智（迦具土神《カグツチ》）も主祭神とある。創建された時期は不詳である。社殿はなく、熊野灘に面した約45ｍの巨岩である磐座《いわくら》が御神体である。平成16年（２００４年）に「紀伊山地の霊場と参詣道」の一部として、ユネスコ世界遺産に登録された。

イザナミは死んで黄泉の国へと去っていった。イザナミを愛しく思うイザナギは十拳剣《とつかのつるぎ》の天尾羽張《あめのおはばり》でカグツチを殺し、イザナミを追って黄泉の国を訪れた。もう一度この世に戻ってくれるようイザナミに懇願したが、イザナミはすでに黄泉の国の食物を口にしたので、元には戻れなくなっていた。イザナミの意に反し、腐りかけた死者の形相をした恐ろしい妻の姿を覗き見して一目散に逃げ出したのは先に述べた通りである。

　約束を破った夫に対して怒りくるったイザナミは黄泉の国の女たちに命じ、イザナギの後を追わせる。イザナギは身につけていた黒御葛《くろみかずら》や櫛を投げ捨てて時間をかせぎ、逃げ続ける。最後にイザナギは、十拳剣《とつかのつるぎ》をふりかざし、霊力のある桃の実をぶつけて難を逃れた。そして、黄泉の国とこの世との境界である黄泉比良坂《よもつひらさか》まで来ると、千人

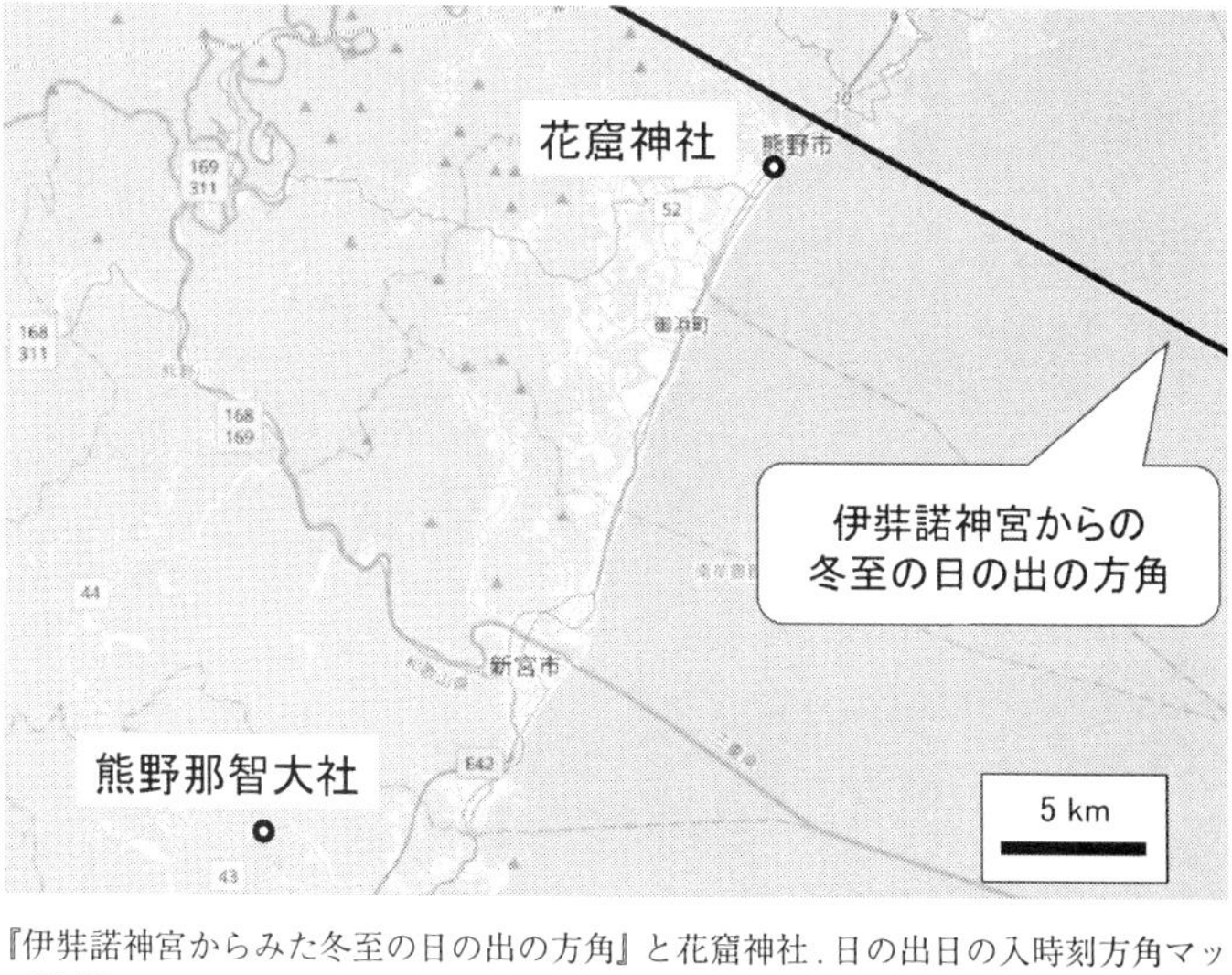

『伊弉諾神宮からみた冬至の日の出の方角』と花窟神社．日の出日の入時刻方角マップ改編．©OpenStreetMap.

がかりでやっと動かせるような大きな岩でふさいだ。これで二人の婚姻関係は完全に終わったわけだが、この離婚がわが国初めての記録に残る離婚だ。

「千人がかりでやっと動かせるような」大きな岩で黄泉比良坂《よもつひらさか》の道を塞いだと古事記にあるが、それは花窟《はなのいわや》神社の御神体の岩ではないかとも思えるがどうであろうか。この岩の奥にこそ、黄泉の国とこの世との境界である黄泉比良坂《よもつひらさか》があるように思えてくる。

このように考えると、『陽の道しるべ』の中心であるイザナギを祀る伊弉諾《いざなぎ》神宮と、その冬至の日の出の方角にイザナミを祀る花窟《はなのいわや》神社の御神体としてこの巨岩があることとは大きな関連がありそうだ。これは単なる偶然か。このような巨岩を人力で動かしてどこからか運んでくることは、とうてい無理ではないか。太古の人々は、伊弉諾《いざなぎ》神宮から最も夜の時間が長い冬至に太陽が昇るこの方角にあった巨岩をみて、イザナギが黄泉の国のイザナミから逃げる神話を創り、あの世との境を花窟《はなのいわや》神社の場所として決めたのかもしれない。

六　『陽の道しるべ』～夏至の日の入りの方角～

日御碕神社と猪目洞窟

伊弉諾《いざなぎ》神宮からみた夏至の日の入りの方角を調べると、島根県に至る。『陽の道しるべ』にあった出雲大社、日御碕《ひのみさき》神社が確かに近くに位置している。

日御碕神社は、島根県出雲市の日御碕に鎮座する神社である。上の本社（神の宮）は安寧天皇１３年（紀元前５３６年）に創建され、主祭神は素盞鳴尊《スサノオノミコト》である。下の本社は天暦2年（９４８年）、第六十二代村上天皇の勅命により、主祭神を天照大御神《アマテラスオオミカミ》として創建された。「日の本の夜を守れ」との「勅命」を受けた神社ということで、「日沈宮《ひしずみのみや》」といわれ、総称して日御碕大神宮とされている。

母イザナミが根の国、つまり黄泉《よみ》の国に行ってしまったので、スサノオは母のいる場所に行きたいと願ったが、イザナギの怒りをかい追放された。日御碕《ひのみさき》神社から夏至の日の入りの方角に地球を反対側に一周して回ると、『陽の道しるべ』の一直線上にある花窟《はなのいわや》神社につながるので、この地から海にむかってその方向に進むと途中に黄泉《よみ》の国があり、スサノオはイザナミに会えることができるのかもしれない。

古事記によると、イザナミは死後、出雲国《いずものくに》と伯耆国《ほうきのくに》の間の比婆山に葬られたという。その後、イザナギは先述の黄泉比良坂《よもつひらさか》を通って黄泉の国にいるイザナミに会いにいく。比婆山は島根県安来市にあり、その北西の島根県松江市東出雲町に黄泉比良坂《よもつひらさか》はあると伝承されている。

他方、出雲の地には他に黄泉の国につながる場所があるという。出雲風土記は古事記や日本書紀とは異なる神話が書かれており、出雲郡の郷の一つ宇賀郷《うかごう》での事柄として、脳磯《なづきのいそ》の窟戸《いわやど》について次のような記載[6]がある。

「磯から西の方に六尺ばかりの窟戸《いわやど》があり、この窟の中に人は入ることができない。そのため奥行きの深さは不明である。夢でこの磯の窟のあたりに行くと必ず死ぬ。だから土地の人は古より今に至るまで黄泉《よみ》の坂、黄泉の穴と呼ばれている。」

松江市東出雲町にある黄泉比良坂からさらに北西に猪目《いのめ》洞窟があ

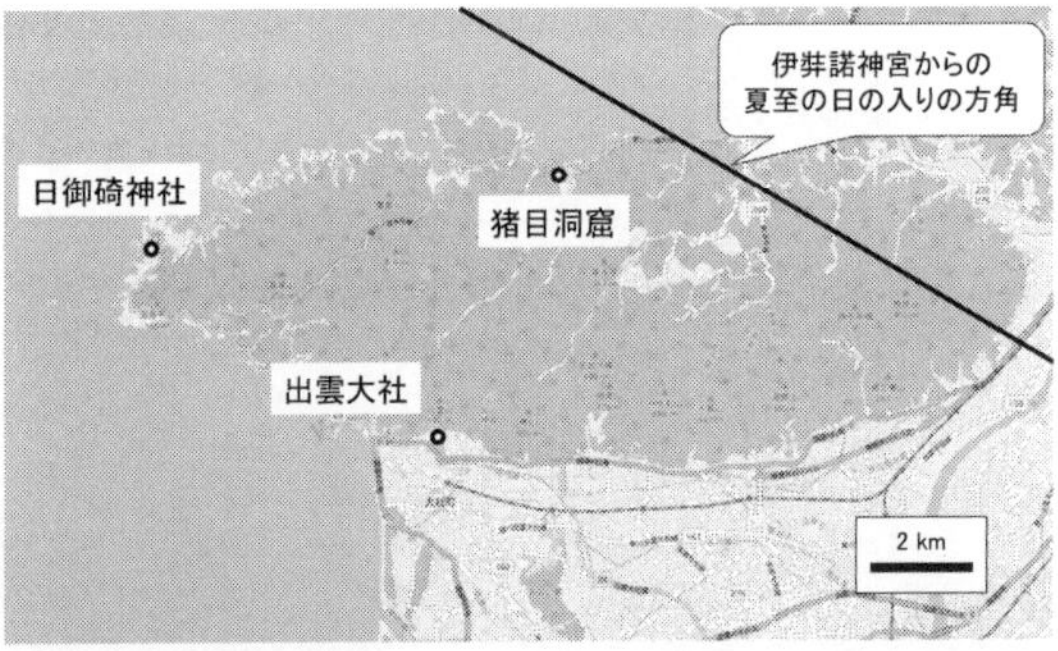

『伊弉諾神宮からみた夏至の日の入りの方角』と島根県出雲周辺の地図．日の出日の入時刻方角マップ改編．©OpenStreetMap.

る。昭和23年（1948年）に漁船の船置場として利用するためこの洞窟の入口の堆積土を取り除いた時に、弥生時代から古墳時代の頃の埋葬品や人骨が見つかり、猪目《いのめ》遺跡と名づけられた。そして、この場所が出雲風土記の記載ととても似ており、この猪目《いのめ》洞窟こそが、出雲風土記に書かれていた黄泉の国の入口であろうと考えられている。

夏至というのは一年の中で最も日の長い一日である。その日以降はどんどん夜が長くなる。一方、冬至というのは最も日が短い一日であり、その日以降はどんどん夜は短くなる。伊弉諾《いざなぎ》神宮からみて、夏至の日の入りの方角に黄泉の国の入口である猪目《いのめ》洞窟あり、そして冬至の日の出の方角に花窟《はなのいわや》神社がある。これは、単に地理的にそこにあるだけではなく、夜という時間の観念も加味しているのではないか。黄泉の国をおさめるイザナミが花窟《はなのいわや》神社で祀られているのはやはりただの偶然とは思えない。イザナミが比婆山で葬られた後、イザナギは松江市の黄泉比良坂を通って猪目《いのめ》洞窟から黄泉の国に入り、腐りかけたイザナミをみて、地球を一周して逃げ帰った。そして、黄泉の国とこの世をつなぐ黄泉比良坂《よもつひらさか》が出雲とは反対側の和歌山の花窟《はなのいわや》神社にあって、巨岩で黄泉の国とこの世との間を塞いだ、と考えてみるのはどうだろうか。

「天の岩戸」の物語

スサノオが根の国にむかう前に姉のアマテラスオオミカミに挨拶をしようと思い、高天原《たかまがはら》に向かった。しかし、アマテラスオオミカミは弟が攻めてきたと思い、武装し応対した。スサノオはこの疑いを解くために誓約《うけい》を行った。天の安河を挟み、まず、アマテラスオオミカミがスサノオの持っている十拳剣《とつかのつるぎ》を受け取って噛み砕き、吹き出した息の霧から多紀理毘売命《タギリヒメノミコト》、多岐都比売命《タギツヒメノミコト》、市寸島比売命《イチキシマヒメノミコト》の三柱の女神（宗像三女神）が生まれた。次に、スサノオが、アマテラスオオミカミの持つ珠を受け取って噛み砕き、吹き出した息の霧から天之忍穂耳命《アメノオシホミミノミコト》、天之菩卑能命《アメノホヒノミコト》、天津日子根命《アマツヒコネノミコト》、活津日子根命《イクツヒコネノミコト》、熊野久須毘命《クマノムスビノミコト》の五柱の男神が生まれた。この、アメノオシホミミノミコトの子孫が皇統につながる。スサノオの持ち物からは女神しか生まれず、誓い通りであったので、身の潔白が証明された。なお、日御碕《ひのみさき》神社において、誓約《うけい》の際に生まれた神々は、主祭神であるアマテラスオオミカミとスサノオの配祀神として祀られている。

誓約《うけい》がうまくいったことに喜んだスサノオが次々と粗暴を行った。アマテラスオオミカミが機織りをしていると、スサノオが機屋の屋根に穴を開けて、皮をはいだ馬を投げ込んだ。それに驚いた一人の天《あま》の服織女《はたおりめ》はあわてて逃げる際に機織りの梭《ひ》が刺さってしまいそのまま死んでしまった。アマテラスオオミカミは恐くなり天の岩戸に隠れてしまった。そのため、高天原《たかまがはら》も葦原中つ国も闇となり、さまざまな禍が発生した。なお、この天《あま》の服織女《はたおりめ》は、日本書紀で登場する稚日女尊《ワカヒルメノミコト》と同一とされており、神戸三宮にある生田神社の主祭神でもある。

この事態を解決するため、八百万の神々が天《あま》の安河《やすのかわ》の河原に集まり相談したところ、まず、夜明けを告げるようにと鶏を集めて鳴かせることにした。そして、八咫鏡《やたのかがみ》と八尺瓊勾玉《やさかにのまがたま》を作った。天岩戸の前では天宇受賣命《アメノウズメノミコト》が岩戸の前に桶を伏せて踏み鳴らし、さらに、神憑りして胸をさらけ出し、裳の紐を陰部までおし下げて踊った。それをみた八百万の神々は、高天原《たかまがはら》が鳴り轟くように一斉に笑った。その笑い声を聞いたアマテラスオオミカミは岩戸を少し開け、岩戸の外にいる神々に笑っている理由を聞くと、アマノウズメは「貴方より尊い神が表れたので喜んでいるのです」といい、天児屋命《アメノコヤネノミコト》と布刀玉命《フトダマノミコト》が八咫鏡《やたのかがみ》を差し出した。アマテラスオオミカミは鏡に写る自分の姿をみて、その姿を自分だと気づかず、新たに現れた尊い神であると思った。アマテラスオオミカミは鏡をもっとよく見ようと岩戸を開けた。と、その一瞬のすきに手を取られてしまい岩戸の外に引きずりだされた。こうしてアマテラスオオミカミが岩戸から出てくると、高天原《たかまがはら》も葦原中つ国も明るくなった。アマテラスオオミカミを映した八咫鏡《やたのかがみ》は、アマテラスオオミカミの魂が宿る御神体として、伊勢皇大神宮（内宮）に納められ、今でも祀られている。

これが「天の岩戸」の物語である。なお、岩戸が少し開いた時に八咫鏡《やたのかがみ》を差し出したアメノコヤネは中臣氏・藤原氏の祖神として、奈良県の春日大社をはじめ、各地の春日神社で祀られている。古事記の編纂された奈良時代に最も権力のあった藤原氏の祖神は高天原《たかまがはら》の神であったとされているのだ。

「ヤマタノオロチ」の物語

スサノオは罪を償うためひげと手足の爪をきられて高天原《たかまがはら》を追放された。このことを「神逐《かんやらい》」という。

その後、出雲に下ったスサノオはヤマタノオロチという怪物に毎年娘を食われている足名椎命《アシナヅチノミコト》、手名椎命《テナヅチノミコト》の夫婦と、その娘の櫛名田比売《クシナダヒメ》に出会った。アシナヅチ・テナヅチは、大山津見神《オオヤマツミノカミ》の子供である。クシナダヒメもヤマタノオロチに生贄として捧げられるところであったが、そこで、スサノオは、クシナダヒメとの結婚を条件にヤマタノオロチの退治を申し出た。スサノオがアマテラスオオミカミの弟であると知ると、喜んでクシナダヒメとの結婚を承諾した。

スサノオは神通力によりクシナダヒメを小さな櫛に変え、自身の髪に挿した。アシナヅチ・テナヅチは、スサノオの指示に従いオロチ退治のために八つの門を作り、それぞれに濃い酒の入った桶を準備した。そこに現れたヤマタノオロチは、八つの頭をそれぞれの酒桶に突っ込んで酒を飲み出し、酔って寝てしまった。その隙に十拳剣でヤマタノオロチを切り刻んだが、よく見るとその尾の中から大刀が出てきた。これが草那藝之大刀《くさなぎのたち》（草薙剣《くさなぎのつるぎ》）である。この草薙剣は八咫鏡《やたのかがみ》、八尺瓊勾玉《やさかにのまがたま》と共に、三種の神器といわれ、歴代天皇が古代より現在まで継承し続けている。スサノオは草那藝之大刀をアマテラスオオミカミに献上したところスサノオは許され、出雲の地でクシナダヒメと過ごすことを認められた。スサノオとクシナダヒメの子供の子孫が大国主《オオクニヌシ》である。

オオクニヌシと「国譲り」

出雲大社は、島根県出雲市大社町杵築東にある神社で出雲国《いずものくに》一宮である。大社《おおやしろ》とは大きな神社ということであるが、かつては単に大社といえば一般的には出雲大社のことをさした。主祭神は大国主大神《オオクニヌシノカミ》である。創建されたのは神代とされている。

オオクニヌシは葦原中つ国の国作りを完成させるが、そもそも、葦原中つ国の支配をイザナギから命じられているのはアマテラスオオミカミであった。そこで、アマテラスオオミカミは八百万の神々に相談して、建御雷神《タケミカヅチノカミ》と天鳥船神《アメノトリフネノカミ》の二柱を高天原《たかまがはら》から葦原中つ国に遣わすことにした。タケミカヅチとアメノトリフネは出雲の国の伊那佐之小浜《いなさのおはま》に降り立った。出雲大社から歩いていける西側の海岸にある稲佐の浜のことである。

タケミカヅチとアメノトリフネは、オオクニヌシに国を譲るよう要請した。オオクニヌシは、子の事代主神《コトシロヌシノカミ》が答えると言った。タケミカヅチとアメノトリフネが美保ヶ崎で漁をしているコトシロヌシのところに向かったところ、コトシロヌシは「承知した」と答えた後、船を踏み傾け、天ノ逆手を打って青柴垣に変えて、その中に隠れてしまった。なお、美保ヶ崎は島根県松江市美保関町美保関にある岬とされていて、現在の地蔵岬にあたる。また、コトシロヌシは七福神のなかで唯一日本の神様である恵比寿様と同一されるようにもなり、大阪の今宮戎《いまみやえびす》神社で「えべっさん」として祀られている。

そこでタケミカヅチとアメノトリフネが再びオオクニヌシを訪れたところ、オオクニヌシは次にコトシロヌシの弟である建御名方神《タケミナカタノカミ》が答えると言った。タケミナカタは兄のコトシロヌシのようには承諾せず、タケミカヅチに力比べを申し込んだが負けてしまい、逃げて逃げて諏訪湖まで辿り着いたがそこで捕まってしまった。タケミナカタは諏訪の地から出ない事、父のオオクニヌシ・兄のコトシロヌシに背かない事を約束した。そしてオオクニヌシは葦原中つ国を天津神の御子に奉る旨を約束し、大きな宮殿の出雲大社の修復を条件として提案したところ、高天原《たかまがはら》にいる天津神が同意し、オオクニヌシからアマテラスオオカミへの「国譲り」が行われた。

なお、天津神とは高天原《たかまがはら》に住む神々、または高天原《たかまがはら》から天降った神々の総称のことである。

一方、オオクニヌシは国津神の代表的な神であるといわれている。オオクニヌシの先祖であるスサノオは高天原《たかまがはら》から葦原中つ国に放逐されたので、その子孫であるオオクニヌシは葦原中つ国の神、国津神とされる。

「国譲り」の話は、大和政権の皇族や有力な氏族が信仰していた神々を天津神として、また、ヤマト王権により平定された各地の人々が信仰していた神々を国津神として語られている。例えば、大和政権側であった中臣氏・藤原氏の守護神とされているタケミカヅチは天津神である。一方、諏訪に追い詰められたタケミナカタは国津神である。そして、神話の中で、大和政権がどのように日本を統一していったかを後世に伝えているのである。

タケミカヅチとアメノトリフネが降り立った稲佐の浜であるが、神事について話し合うために各地の国津神達が十月に地元を離れこの地に集まる。そのため、地元には神がいなくなるので旧暦の十月のことを神無月《かんなづき》という。一方、出雲地方には、十月に各地から神々が集まってくるので神有月《かみありづき》と呼ばれている。この出雲の地は、神々にとって今でも特別な場所なのである。

七　『陽の道しるべ』～夏至の日の出の方角～

『陽の道しるべ』にある伊弉諾《いざなぎ》神宮から夏至の日の出の方角を示す線は、長野県の諏訪湖の近くに至る。諏訪大社上社前宮は諏訪湖から少し離れているが、この線にかなり近い位置に鎮座している。

諏訪大社は、長野県の諏訪湖周辺にある神社であり、諏訪湖南岸に上社の本宮、前宮、北岸に下社の秋宮、春宮の四つの社からなる信濃国《しなののくに》一宮である。創建は不詳であり、主祭神は建御名方神《タケミナカタノカミ》と八坂刀売神《ヤサカトメノカミ》である。タケミナカタはオオクニヌシの子で、国譲りの際に諏訪まで逃げてきた神である。ヤサカトメは神話には登場せず、諏訪固有の神だと考えられている。六年に一度（数えで七年に一度）、寅の年と申の年に行われる御柱祭は諏訪大社で行われる最大の行事として有名である。

この諏訪地方でも、旧暦十月は神無月ではなく神有月と呼ばれている。諏訪大社の主祭神であるタケミナカタは国譲りの際にこの諏訪の地まで逃げ、この地から出ないと約束した。そのため、旧暦十月に出雲に行きたくても諏訪から離れることができずこの地に留まっているので、諏訪地方では旧暦の十月のことを神無月ではなく出雲地方と同様に神有月とよばれているとい

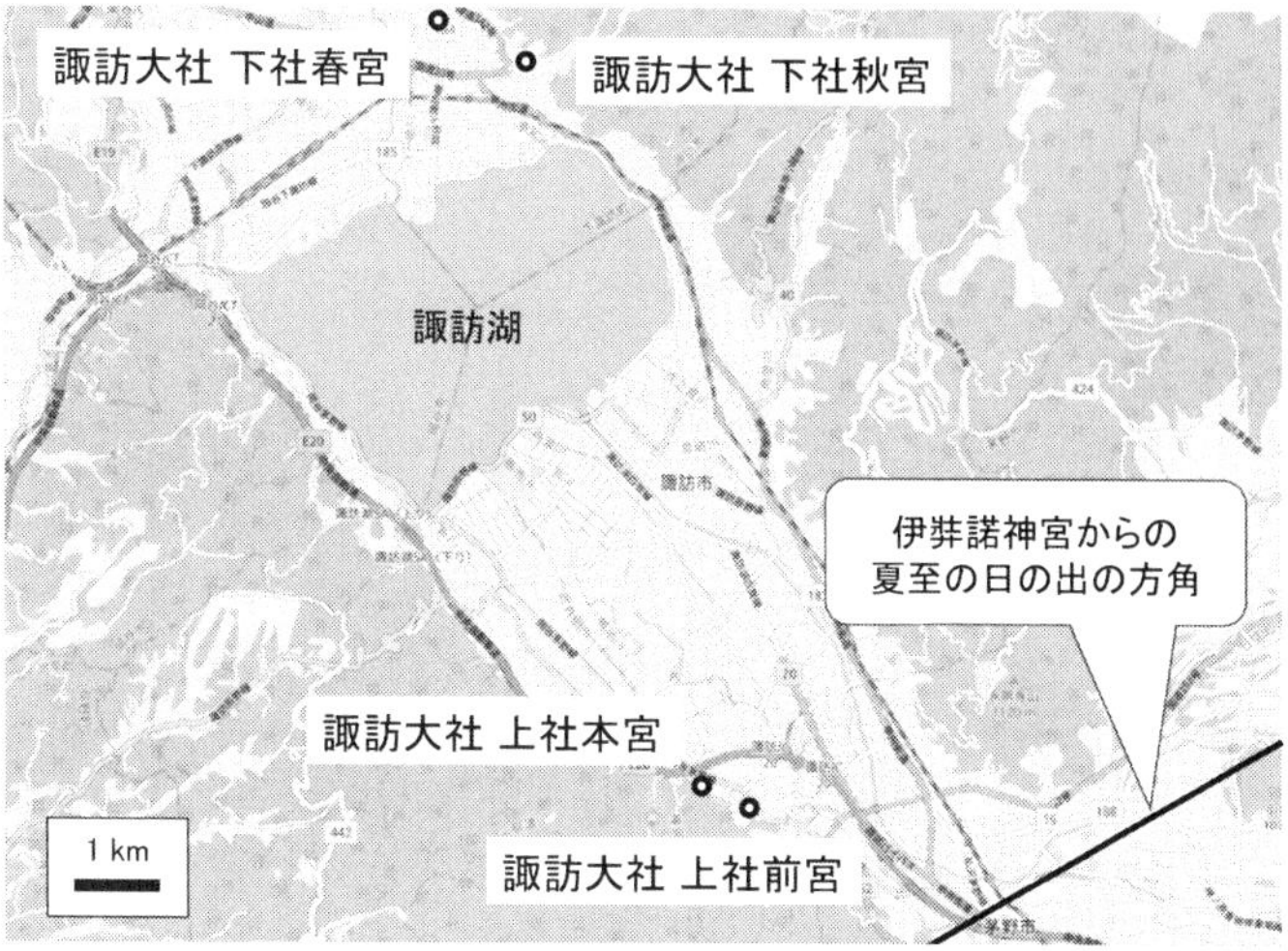

『伊弉諾神宮からみた夏至の日の出の方角』と諏訪湖周辺の地図．日の出日の入時刻方角マップ改編．©OpenStreetMap.

う説がある。

諏訪大社が四つの社を持つ理由は明らかではないが、諏訪湖への祈りと、伊弉諾《いざなぎ》神宮から夏至の日の出の方角に鎮座させるという二つの目的を果たすためであったのではないだろうか。

そしてこのように、伊弉諾《いざなぎ》神宮から遠く離れた夏至の日の出日の入の方角に、古事記の物語の中で極めて深い関係である主祭神をそれぞれ持つ諏訪大社と出雲大社を鎮座させていることを示している『陽の道しるべ』は、太古の人々が後世の人々に何かを伝えようとしていることを示しているのかもしれない。

八　『陽の道しるべ』～冬至の日の入りの方角～

『陽の道しるべ』には、冬至の日の入りの方角として、宮崎県の高千穂神社と天岩戸神社が示されている。

高千穂神社は、宮崎県西臼杵郡高千穂町に鎮座する神社である。主祭神は高千穂皇神、十社大明神である。高千穂皇神とは、日本神話の「日向《ひゅうが》三代」と言われる皇祖神及びその配偶神であり、アマテラスオオミカミの孫である天津彦彦火瓊瓊杵尊《アマツヒコヒコホノニニギノミコト》とその妻である木花開耶姫命《コノハナノサクヤビメノミコト》、この二柱の御子神である彦火火出見尊《ヒコホホデミノミコト》とその妻の豊玉姫命《トヨタマビメノミコト》、さらにこの二柱の御子神である彦波瀲武鸕鷀草葺不合尊《ヒコナギサタケウガヤフキアエズノミコト》と玉依姫命《タマヨリビメノミコト》である。ウガヤフキアエズノミコトとタマヨリビメの御子が初代天皇である神武天皇である（12ページ参照）。

十社大明神も主祭神であり、神武天皇の皇兄、三毛入野命《ミケヌノミコト》とその妻子神九柱が祀られている。

日向の高千穂は「天孫降臨」の舞台である。アマテラスオオミカミは、国譲りの後に、葦原中つ国を治めようとした。

誓約《うけい》の時にアマテラスオオミカミの勾玉をスサノオが咬んで生まれた天忍穂耳命《アメノオシホミミノミコト》に、葦原中つ国を治めるように申し渡した。アマテラスオオミカミの持ち物の勾玉から生まれたので、アマテラスオオミカミの子であるとされている。しかし、アメノオシホミミノミコトは、息子のニニギノミコトを葦原中つ国へ降臨させるように進言した。そのため、アマテラスオオミカミは孫にあたるニニギノミコトに三種の神器を与え、高天原《たかまがはら》から葦原中つ国を治めるように命じた。そして、多くの神々がニニギノミコトと共に、葦原中つ国に行くこととなった。

一行が高天原《たかまがはら》から葦原中つ国へ降りていく途中で、その道を照らす神がいた。アマノウズメがその神に問いただすと猿田毘古神《サルタヒコノカミ》であった。サルタヒコは国津神であるが、天津神の子が天より降りてくることを聞き道案内のために迎えにきたのである。

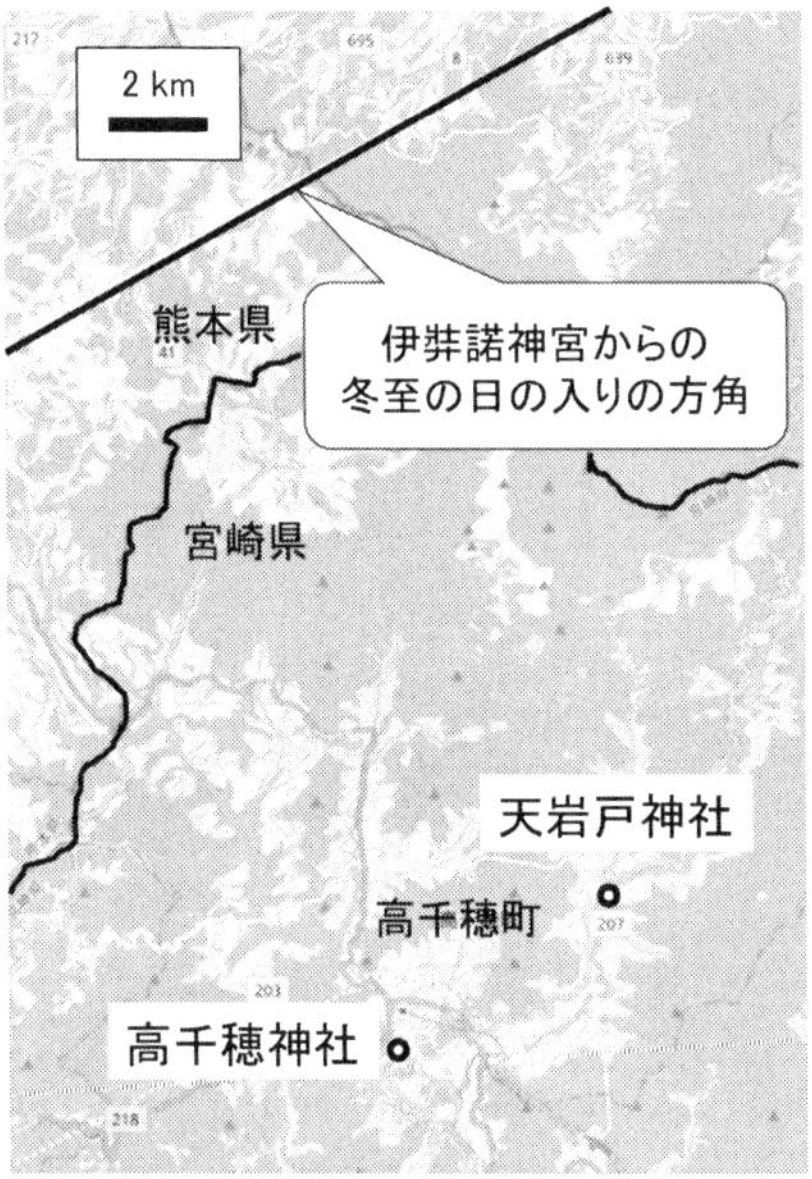

『伊弉諾神宮からみた冬至の日の入りの方角』. 日の出日の入時刻方角マップ改編. ©OpenStreetMap.

サルタヒコは天孫降臨の先導の功があったためか、今では、伊勢国《いせのくに》一宮である椿大神社《つばきおおかみやしろ》や皇大神宮（内宮）の近くの猿田彦神社の主祭神として祀られている。みちひらきの大神、道祖神《どうそしん》として崇められている。また、「鼻長七咫、背長七尺」という記述から、天狗の原形とする説もある。猿田彦といえば、手塚治虫の漫画「火の鳥」の中で、猿田彦や、猿田博士、猿田などが登場しており、共通して大きな鼻の持ち主として描かれている。

一方、アマノウズメはこれが縁でサルタヒコに仕えることになった。一説には妻になったともいわれている。

話が少し逸れたが、こうして、ニニギノミコトは多くの神々とともに日向《ひゅうが》の高千穂峰へあまくだってきて、それぞれの神が人々の暮らしと関わっていくことになる。

天岩戸神社は、宮崎県西臼杵郡高千穂町にある神社である。岩戸川を挟んで東本宮と西本宮があり、主祭神は東本宮が天照皇大神《アマテラススメオオミカミ》、西本宮は大日孁尊《オオヒルメノミコト》であり、ともにアマテラスオオミカミの別名である。アマテラスオオミカミを祀っているのは、この神社の名前に由来しているのであろう。この高千穂は「天孫降臨」の舞台ではあるのだが、何故この地に天岩戸神社ができたのであろうか。天の岩戸の前で踊ったアマノウズメや天の岩戸が少し開いた時に八咫鏡《やたのかがみ》を差し出したアメノコヤネやフトダマも天孫降臨でともに降り立ったので、この高千穂の地に「天の岩戸」の物語を伝えるために天岩戸神社が創建されたのであろうか。

創祀の時代は不詳だが、アマテラスオオミカミがお隠れになったとされる「天岩戸」の洞窟を御神体として古くから地元で信仰されてきた神社である。神職にお祓いを受けたあとで西本宮の裏手にある遥拝所に案内されると、その洞窟を拝むことができる。また、西本宮からさらに川を上がったところに、「天の岩戸」の物語で八百万の神々がお集まりになったとされる「天安河原《あまのやすかわら》」がある。この河原の奥に、間口40メートル、奥行き30メートルの大洞窟があり、その中に天安河原宮がある。この宮の御祭神は天の岩戸に隠れたアマテラスオオミカミを慰め誘い出す方法を考え出した思兼神《オモイカネノカミ》を主祭神とした八百萬神《やおろずのかみ》である。つまり、この場所はすべての神々とお会いできる場所ということになり、より神秘的に感じる。

天岩戸神社には、東本宮には「天の岩戸」の物語で、洞窟の前で踊ったアマノウズメの像が、また、西本宮にはアマテラスオオミカミを洞窟から引きずり出した天手力男神《アメノタヂカラオノカミ》の像がある。タヂカラオが岩戸の扉を開け、その扉を放り投げると長野の戸隠まで飛んで行ったという伝説がある。これらの神々の物語を含め、ここ高千穂町において、高千穂神楽として舞が奉納されている。高千穂神社から少し北東に行くと国見ヶ丘があるが、ここは雲海が発生しやすい名所として有名である。「天の岩戸」の物語は神話の中では高天原《たかまがはら》での出来事とされているが、ここから雲海を眺めると神々しく、さながらここが天の世界、つまり、高天原《たかまがはら》のように思えてくるのである。

九　『陽の道しるべ』〜南北の路と沼島〜

このように、伊弉諾《いざなぎ》神宮を中心とした『陽の道しるべ』が指し示した神社の主祭神は古事記の上巻を彩る主要な神々が祀られていることがわかった。続いて、『陽の道しるべ』の南北の方角に位置する出石《いずし》神社、諭鶴羽《ゆづるは》神社について経度は次のとおりである。

出石神社：東経１３５度52分13秒
諭鶴羽神社：東経１３４度48分55秒

出石神社《いずしじんじゃ》は、兵庫県豊岡市出石町宮内にある神社で但馬国《たじまのくに》一宮である。創建は不明であり、主祭神は天日槍命《アメノヒボコノミコト》と伊豆志八前大神《イズシヤマエノオオカミ》である。アメノヒボコは、妻と共に新羅からきた渡来人であるが、妻に逃げられ新羅に帰ろうとした。しかし、但馬国《たじまのくに》でとどまったところ新たな妻をめとることになり、その子孫が神功皇后につながる。また、アメノヒボコが伝来したとされる「玉津宝《たまつたから》」と呼ばれる神宝の神霊がイズシヤマエノオオカミである[7]。このような神器が主祭神として祀られることはあり、例えば草薙剣が熱田神宮の主祭神であることは有名である。

伊弉諾《いざなぎ》神宮と諭鶴羽《ゆづるは》神社は同じ淡路島内にあるが、東西で4㎞程度も違いがある。そもそも、南北は太陽が通る経路ではない。よって、太古の人々がこの方角については太陽の運行として考えていないはずであり、『陽の道しるべ』というには不適切だ。

淡路島の南を調べてみると、景勝地としてあるのが沼島《ぬしま》である。沼島は空から見ると勾玉のような形をした離島であり、淡路島の南の海上4．6㎞先に位置する。以前見たNHKの「ブラタモリ」という番組で淡路島が取り上げられ、沼島こそが、イザナギ・イザナミが高天原《たかまがはら》から降り立った「淤能碁呂島《おのころじま》」ではないかと紹介されていた[8]。

平成6年（1994年）に沼島で「鞘型褶曲《さやがたしゅうきょく》」と呼ばれる一億年前の地殻内部の動きがわかる世界的にも貴重な岩石が発見された。一方、淡路島は瓦が有名であるが、その理由として、細かい粒子の土が採取できるからだそうで、これは淡路島が昔は湖底であったことを意味している。淡路島と沼島の間に中央断層帯が通っており、地質の年代を調べると、沼島は一億年前、淡路島は八千年前であり、沼島の方が地質学的にも地上に現れたのが古いことがわかっているそうだ。神話の中でも淡路島より淤能碁呂島《おのころじま》が先にできたわけであり、沼島が淤能碁呂島《おのころじま》ではないかという理由として挙げられていた。

さらに番組内では、沼島が淤能碁呂島《おのころじま》である理由の一つとして、高さが30ｍをほこる上立神《かみだてがみ》岩《いわ》が紹介されていた。矛の形をしているので、天沼矛の先ではないかということだ。番組を見ながら、私も沼島が淤能碁呂島《おのころじま》ではないかと考えたが、別の理由である。それは沼島から北西20kmのところにある鳴門の渦潮を思い出したからだ。天沼矛で地上をかきまぜる様子は、まるで鳴門海峡の渦潮だ。イザナギとイザナミが天浮橋《あめのうきはし》に立って、鳴門の渦潮のところで天沼矛を用いてまだどろどろとしている地上をかき混ぜ、矛から滴り落ちて沼島ができたのでは、と連想できるのである。

また、この地が「おのころ島」であったとすれば、イザナギとイザナミは、ここ沼島で結婚し、初めての御子であるヒルコを授かったことになる。障害のある子として葦で作った船にいれられ流されてしまったが、このヒルコは西宮えびすで有名な西宮神社で、西宮大神（蛭子命）として祀られている。沼島から大阪湾を北に流され西宮に流れついたのであろうか。障害のもった神であるが、今では「えべっさん」として多くの人々に親しまれている。なお、先述したコトシロヌシも「えべっさん」として今宮戎神社で祀られていた。恵比寿はいろんな神社で祀られていて、ヒルコやコトシロヌシを恵比寿として祀っている神社が多い。

十　『陽の道しるべ』〜春分秋分の日の出・日の入りの方角〜

『陽の道しるべ』にある伊弉諾《いざなぎ》神宮からの東西の線は春分秋分の日の出・日の入りの方角に一致する線であり、そこに伊勢皇大神宮（内宮）と対馬にある海神《わたつみ》神社がある。

伊勢皇大神宮（内宮）：北緯34度27分18秒
伊弉諾神宮：北緯34度27分37秒
海神神社：北緯34度27分51秒

確かにこれら神社の緯度はすべて北緯34度27分と一致している。秒単位ではわずかに異なっており、対馬の海神《わたつみ》神社が一番北で、伊弉諾《いざなぎ》神宮、伊勢皇大神宮と順にわずかに南にずれて鎮座しているものの、『陽の道しるべ』にあるように地図上では真横である。対馬は長崎県の一部であるが、長崎市より韓国の釜山の方がよほど近く、さらに伊勢からは６６２㎞も離れている。これらが一致するのは偶然ではありえない。

これらの神社を創建した太古の人々には、緯度の概念があり、正確に緯度を測定する技術があったと考えられる。緯度は太陽と影の関係から測定できる。緯度が高い地域では、光が斜めから届くため影が長くなるが、緯度が低い地域ではその逆である。理論的には、同じ日に、同じ長さの棒を地面にたてて、太陽が最も高い時である南中にできる影の長さが同じであれば、同じ緯度になる。その作業には時間と労力がかかりそうだが、太古の人々でも何とか実現できそうだ。あるいは、北極星を見上げる方向と地面との傾きを計測して、その場所の緯度を明らかにしたかもしれない。

海神《わたつみ》神社は、長崎県対馬市峰町木坂にある神社で、対馬国《つしまのくに》一宮である。主祭神は豊玉姫命《トヨタマビメノミコト》である。その父は、イザナギ・イザナミが国生みの後に生んだ大綿津見神《オオワタツミノカミ》、海の神である。

トヨタマビメは火遠理命《ホオリノミコト》の妻である。ホオリノミコトは山幸彦《ヤマサチヒコ》としても知られおり、その父はニニギノミコトである。ニニギノミコトはアマテラスオオミカミの孫で、天孫降臨の際に高天

『伊弉諾神宮からみた春分秋分の日の出・日の入りの方角』.
©OpenStreetMap.

原から葦原中つ国に降りてきた。つまり、ホオリノミコトはアマテラスオオミカミのひ孫にあたる（12ページ参照）。

ホオリノミコトは、兄であり海幸彦として知られている火照命《ホテリノミコト》の釣り針をなくしてしまった。釣り針を探そうとしたが見つからず困っていたところ、塩椎神《シオツチノカミ》に教えられ小舟に乗り綿津見神宮《わたつみのかみのみや》に向かった。するとそこで、ホオリノミコトはトヨタマビメと出会い、二人は恋に落ちた。そこに父のオオワタツミも現れ、とても喜び二人を結婚させた。

二人は三年間を綿津見神宮《わたつみのかみのみや》で過ごしたが、ホオリノミコトは溜息をつき塞ぎこむようになった。心配したオオワタツミがその理由を聞いたところ、ここを訪れた本来の理由について語った。そこで、オオワタツミは魚たちを集め釣針の行方を捜したところ、赤鯛が喉に何か引っかかっていると申告し、失くしてしまった兄の釣り針がついに見つかった。オオワタツミはその針をホオリノミコトに渡すと共に、もう二度と兄に怒られないよう呪いの仕草を教えた。さらに、兄が低い土地に田を作るなら高い土地に田を作るように勧め、鹽盈珠《しおみちのたま》・鹽乾珠《しおひのたま》を渡した。

ホオリノミコトは、和邇《わに》に乗って陸の世界に帰り、オオワタツミに言われた通りに呪いをかけながらホテリノミコトに針を返し、田を高い土地に作った。ホテリノミコトの田には水が行き渡らず十分に収穫できなかった一方、ホオリノミコトの田は豊作であったので、ホテリノミコトがこれを奪うべく攻めてきた。するとホオリノミコトは鹽盈珠《しおみちのたま》を用いて潮を満ちさせて低い土地を水浸しにしてホテリノミコトを溺れさせた。苦しんで許しを乞うてくると、鹽乾珠《しおひのたま》を出して潮をひかせて救い、以後、兄は弟に仕えることになった。

トヨタマビメは綿津見神宮《わたつみのかみのみや》で懐妊したが、ホオリノミコトのそばで産みたいと思い、陸に上がってきた。海の世界と陸の世界の境界である浜辺に、茅草がわりの鵜の羽で葺いて産屋を作り、そこで産もうとしたが、葺き終えないうちに産気づいた。「私は海の国の者なので、子を産む時には本来の姿に戻ります。その姿をみられたくないので、絶対に産屋の中を見ないでください」とホオリノミコトに言い、産屋の中に入っていった。しかし、見るなと言われたら見たくなるのは、イザナギが黄泉の国でイザナミに言われた話と同じである。ついつい覗くと、そこには姿を変えた八尋和邇《やひろわに》が腹をつけて蛇のようにうねっていた。

今でこそ妻の出産に夫が立ち会っているが、夫の立合い分娩が行わるようになったのは１９７０年代からである[9]。それ以前は、出産時に夫が立ち会うなど許されず、夫は部屋の外で我が子が無事に生まれるのを願い待っていたものであろう。

トヨタマビメは覗かれたことを恥じ、生まれた御子を置いて海に帰ってしまった。その生まれた御子は、産屋が鵜の羽で葺き終えないうちに産まれたので、鵜葺草葺不合命《ウガヤフキアエズノミコト》と名付けられた。トヨタマビメは御子を養育するために妹の玉依毘売《タマヨリビメ》を遣わした。後にウガヤフキアエズノミコトは自分を育ててくれた伯母のタマヨリビメと結婚し、二人の間で産まれた御子が初代天皇である神武天皇である。つまり、トヨタマビメは神武天皇の祖母であり、かつ母方の伯母でもある。このように、トヨタマビメは皇室にとって、血の濃い非常に大事な神であることがわかる。

海神《わたつみ》神社の創建は不詳とされている。神功皇后が三韓征伐からの帰途、新羅《しらぎ》を鎮めた証として旗八流を上県郡峰町に納めたことに由来するといわれ、もともとは八幡神を祀り、八幡宮と称されていた。明治になり、トヨタマビメを祀るようになり、神社名も海神《わたつみ》神社と改称された。はたして主祭神や社名を変えたりしてよいものかとも思うが、古来より対馬国《つしまのくに》一宮として、この地に海神《わたつみ》神社があったということだ。

また、対馬は日本地図の上では西の果てにあるように感じるが、中国大陸に最も近く、最も早く大陸の文化が伝わる重要な島であったと考えられる。ひょっとしたら、綿津見神宮《わたつみのかみのみや》は実は海の向こうにある大陸のことであって、出産をみられてしまったトヨタマビメは大陸に戻っていったのかもしれない。

いずれにせよ、初代神武天皇の祖母であり伯母にあたるトヤタマビメを祀る対馬国《つしまのくに》一宮と、国生み神話の中心であるイザナギを祀る淡路国《あわじのくに》一宮、そして最高位の社格である伊勢皇大神宮（内宮）が同じ緯度にあることには大きな意味がありそうだ。

十一　伊勢の神宮

伊勢神宮は三重県伊勢市にある神社で、正式名称は「神宮」であり、伊勢という地名が入らない。他の神宮と区別するために伊勢神宮と通称されるが、「伊勢の神宮」「お伊勢さん」「大神宮」と称される。伊勢の神宮には天照坐皇大御神《アマテラシマススメオオミカミ》を祀る皇大神宮と、衣食住の守り神である豊受大御神《トヨウケノオオミカミ》を祀る豊受大神宮の二つの正宮があり、一般に皇大神宮は内宮《ないくう》、豊受大神宮は外宮《げくう》と呼ばれる。また、二つの正宮以外に、内宮、外宮の敷地内外に別宮、あるいは神社があり、これらを含め、全部で百二十五社の神社があるといわれている[10]。これらの総称が「神宮」である。まさに、日本最上位の「神宮のなかの神宮」である。創建は内宮が垂仁天皇26年（紀元前4年）、外宮が雄略天皇22年（478年）といわれている。

別宮の中で、内宮の敷地外に月讀宮《つくよみのみや》、外宮の敷地外に月夜見宮《つくよみのみや》があり、これらの主祭神の漢字表記はそれぞれ月讀尊、月夜見尊であり、読み方は共に、「ツクヨミノミコト」である。ツクヨミは、アマテラスオオミカミの弟神であり、スサノオの兄神、すなわち三貴子の一柱である。三貴子であるにもかかわらず、古事記では、イザナギから「夜《よる》の食国《おすくに》を知らせ」と夜の世界を支配することを命ぜられ、これ以降の描写が一切ない神である。そのためか、アマテラスオオミカミやスサノオに比べ、ツキヨミを祀る神社はほとんど無い。伊勢の神宮を詣でる時は、特に、外宮から月夜見宮は歩いて行くことのできる距離なので、ツクヨミがアマテラスオオミカミの弟神であることを思い浮かべながら是非詣っていただきたいものである。

おはらい町通りといわれる参道を皇大神宮（内宮）に向かって歩いていくと、目の前に鳥居が、その先に橋が現れてくる。この鳥居と橋、さらにその先に見える山々を見ると、それだけで心が洗われるとともに、これからアマテラスオオミカミにお会いすることに何か身の引き締まる思いがする。

さて、この鳥居が建てられている方角であるが、冬至の日には朝日が鳥居の真正面から昇るように計算され建てられているのである。『陽の道しるべ』が夏至・冬至の日の出・日の入りの方角を指し示しているように、太陽の運行というのは、太古の人々にとっても重要な意味があったことがうかがえる。アマテラスオオミカミはその名前の如く、太陽神としての存在でもあるので、もっとも夜が長い冬至の日に、この鳥居の真ん中を通って現れる日の出を見ると、とても有難く感じるに違いない。

この鳥居をくぐると、見えてくる橋が宇治橋で、その下を流れるのが五十鈴川である。日常の世界から神聖な場所をつなぐ橋のようだ。五十鈴川に沿って南に歩いていくと、その先には五十鈴川御手洗場《いすずがわみたらし》がある。近くに手水舎《ちょうずや》もあるが、この五十鈴川御手洗場で手を洗い、禊を行ってからお参りするのが古くからの習わしである。この五十鈴川の水がとても美しく、心も洗われ、「気色が良く」なってくる。

さらに歩くと御正宮が現れてくる。御正宮の前にも鳥居があるが、この鳥居は丁度真北を向いている。夜間にこの北の方角にむかって固定されたカメラで撮影された写真を見たことがあるが、鳥居のちょうど真上に北極星を中心に星々が渦をまく様子が非常に美しい。そして真北の方角にある御正宮にむかって祈るのである。なお、御正宮は個人的なお願いをする神社ではなく、日々の感謝を伝える場所であることを付け加えておく。

十二　飛鳥藤原京

『陽の道しるべ』で示されている名称の中で神社ではないものが飛鳥藤原京である。『陽の道しるべ』の碑文には以下のとおり記されている。

「両宮（伊弉諾《いざなぎ》神宮と伊勢の神宮）を結んだ中間点に最古の都『飛鳥宮藤原京』が・・・」

藤原京は奈良県の橿原《かしはら》市と明日香村にかかる地域にあった飛鳥時代の都で、日本で最初に東西南北に網目のような条坊制《じょうぼうせい》をしいた本格的な中国風（唐風）の都である。それまでは天皇が替わる度に一度以上の遷宮が行われていた。天武天皇5年（676年）から藤原京の造営が始まり、持統天皇8年（694年）に飛鳥浄御原宮《あすかのきよみはらのみや》から宮を遷して、第四十一代持統天皇、第四十二代文武天皇、第四十三代元明天皇と三代の天皇が居住された。その後、元明天皇が和銅3年（710年）に藤原京から平城京に遷都された。現在では、奈良県橿原市高殿町に藤原宮の大極殿の土壇が残っており、その周辺は史跡公園になっている。

それでは、実際に、伊弉諾《いざなぎ》神宮と伊勢皇大神宮（内宮）との正確な中間点を調べてみよう。

伊弉諾神宮：北緯34度27分37秒、東経１３４度51分09秒
伊勢皇大神宮（内宮）：北緯34度27分18秒、東経１３６度43分31秒
中間点：北緯34度27分28秒、東経１３５度47分20秒

藤原京跡：北緯34度30分09秒、東経１３５度48分25秒

このように、藤原京の緯度は少し異なるが、経度は伊弉諾《いざなぎ》神宮と内宮のほぼ中間点にある。これもただの偶然であろうか。『陽の道しるべ』の中で、「神社」や「神話」と現実の人々が営む「都」が交わった瞬間である。この後、天皇の住まいのある都は奈良の平城京、京都の平安京を経て、現在の東京に至るわけである。

十三　東経１３５度47分の神秘　〜橿原神宮と神武天皇陵〜

確かに藤原京の経度は伊弉諾《いざなぎ》神宮と内宮のほぼ中間点にある。しかし、藤原京に宮が遷されたのは持統天皇８年（６９４年）であり、伊弉諾《いざなぎ》神宮と皇大神宮（内宮）が創建された時代からは、だいぶ後の話である。『陽の道しるべ』には飛鳥藤原京と示されているが、本当は別の神社がその地に創建されていたのではないだろうか。そういえば、藤原京があった橿原《かしはら》市には、神社の中でも別格とされている神宮の社格を持つ橿原《かしはら》神宮がある。そこで、橿原《かしはら》神宮の位置を調べてみた。

橿原神宮：北緯34度29分18秒、東経１３５度47分10秒

なんということか！緯度は少し異なるが、伊弉諾《いざなぎ》神宮と内宮の中間点からわずか東経で10秒、つまり、２５０m程度しか離れていないではないか！

橿原《かしはら》神宮は奈良県橿原市久米町にある神社であり、神武天皇畝傍山東北陵の南にある神社で

ある。主祭神は神武天皇と媛蹈鞴五十鈴媛命《ヒメタタライスズヒメ》、つまり初代天皇と初代皇后である。初代天皇と初代皇后を祀るため、神武天皇の宮（畝傍橿原宮《うねびかしはらのみや》）があったとされるこの地に、民間有志による橿原《かしはら》神宮創建の請願に感銘を受けた第百二十二代明治天皇により、明治23年（１８９０年）に官幣大社として創建された[11]。伊弉諾神宮に比べるとかなり最近に創建されている。

本殿は京都御所から移築された賢所《かしこどころ》である。安政2年（１８５５年）に建てられた建物であるが、橿原《かしはら》神宮に移築されるまで三種の神器の一つである八咫鏡《やたのかがみ》が祀られていた建物だ。この本殿は重要文化財にも指定されている。初代天皇が祀られ、「神宮」と号していることもあり、非常に格式が高い神社である。

平成31年（２０１９年）3月26日、現在の上皇上皇后両陛下が神武天皇陵を訪ねて「親謁《しんえつ》の儀」で退位を奉告され、令和元年（２０１９年）11月27日、現在の天皇皇后両陛下が即位の礼と大嘗祭の終了を「親謁の儀」で神武天皇に奉告されたことは、まだ記憶に新しい。

神武天皇畝傍山東北陵：北緯34度29分51秒、東経１３５度47分17秒

イザナギを祀る伊弉諾《いざなぎ》神宮とアマテラスオオミカミを祀る伊勢皇大神宮（内宮）のある経度の中間点（東経１３５度47分20秒）からの違いはわずか3秒なので75ｍ程度しかない。その位

置に、イザナギ、アマテラスオオミカミから続く皇統である神武天皇が即位したと伝わる場所があり、神武天皇が祀られている橿原神宮及び、神武天皇の陵墓が存在することは大きな驚きである。

　神宮や陵の大きさを考えれば、１００ｍ程度は誤差範囲である。そもそも神武天皇はその実在について議論がある。神武天皇陵について、古事記や日本書紀には「畝傍《うねび》山の北方、白檮尾《かしのお》の上」と書かれているだけで、神武天皇陵は中世にはその所在はわからなくなっていた。江戸時代に調査され、文久３年（１８６３年）に、今の位置であるとされたそうである。当時の日本に正確な緯度がわかる技術があったとは思われない。また、その時期に伊弉諾《いざなぎ》神宮や伊勢の神宮の緯度や経度を江戸の人たちが調べていたとも思えない。単なる偶然でこのような位置に陵が決まるであろうか。「神々のお導き」を感じざるを得ない。あるいは、わが国の先祖達は、正確に経度をしる術《すべ》を知っていたのであろうか。

　神武天皇を祀る橿原《かしはら》神宮がこの地に鎮座する以前からこの地に祀られていたのが、長山稲荷社であり、御祭神は宇迦能御魂神《ウカノミタマノカミ》・豊受気神《トヨウケノカミ》、大宮能売神《オオミヤノメノカミ》とある。トヨウケノカミといえば、外宮の主祭神は豊受大御神《トヨウケノオオミカミ》であったような記憶がよみがえった。

豊受大神宮（外宮）：北緯34度29分14秒、東経１３６度42分11秒

なんということだろうか⁉　橿原《かしはら》神宮の緯度は北緯34度29分18秒であり、南北でわずか１２０m程度の誤差しかない。つまり、豊受大神宮（外宮）と橿原《かしはら》神宮は、ほぼ同じ緯度にあるということだ。橿原《かしはら》神宮に以前からあった長山稲荷社には、稲荷社にも関わらず、豊受大神宮（外宮）と同じトヨウケカミが祀られていた。その場所に長い時を経て、橿原《かしはら》神宮が創建されることを神々は計画していたのか！

伊弉諾《いざなぎ》神宮と皇大神宮（内宮）が同じ緯度に、そして、豊受大神宮（外宮）と橿原《かしはら》神宮が同じ緯度に鎮座していることは、伊勢の神宮に皇大神宮（内宮）と豊受大神宮（外宮）という二つの大きな神社があることと、何か関係はあるのだろうか。伊弉諾《いざなぎ》神宮と皇大神宮（内宮）のちょうど中間の経度に橿原《かしはら》神宮が鎮座していることに何か意味があるのであろうか。次々と興味がわいてくるのである。

十四　東経１３５度47分の神秘　～平安神宮～

そこで、他の神宮の位置を調べてみることにした。これまで自分自身が訪れたことのある神宮で真っ先に思い浮かんだのが、平安神宮である。そこで、平安神宮の位置を調べてみた。

平安神宮：北緯35度01分03秒、東経１３５度47分04秒

ほとんど橿原《かしはら》神宮と同じ経度ではないか！橿原《かしはら》神宮の経度が東経１３５度47分10秒なので、東西にわずか１５０ｍ程度の違いである。

平安神宮は京都市左京区にある神社であり、主祭神は桓武天皇、孝明天皇である[12]。桓武天皇は第五十代天皇で、平安京への遷都を行った。孝明天皇は第百二十一代天皇で、生涯を平安京内で過ごした最後の天皇でもある。創建は明治28年（１８９５年）とあり橿原《かしはら》神宮の五年後に創建された。平安神宮がこの地に鎮座した理由は次の通りである。

「明治28年（１８９５年）に平安遷都千百年を記念して京都で開催された内国勧業博覧会の

目玉として平安京遷都当時の大内裏の一部復元が計画された。当初は実際に大内裏があった千本丸太町に朱雀門が位置するように計画されたが、用地買収に失敗し、当時は郊外であった岡崎に場所を移して明治26年（1893年）に地鎮祭が執り行われた[13]」

なんと、平安神宮は当初の予定地の用地買収に失敗して、たまたま現在の土地に創建することになったということである。神々が用地買収を失敗させて現在の地に鎮座させたとしか思えない。まさに神々の奇跡ではないか。

すべては、東経135度47分10秒の位置にある、初代神武天皇が即位したといわれる橿原《かしはら》神宮の位置が起点になっているように思える。この南北の経度の線は、神話の時代を経て明治時代となり、橿原《かしはら》神宮及び、平安京に深く関わる桓武天皇・孝明天皇を主祭神とする平安神宮が鎮座することによって明らかとなった。

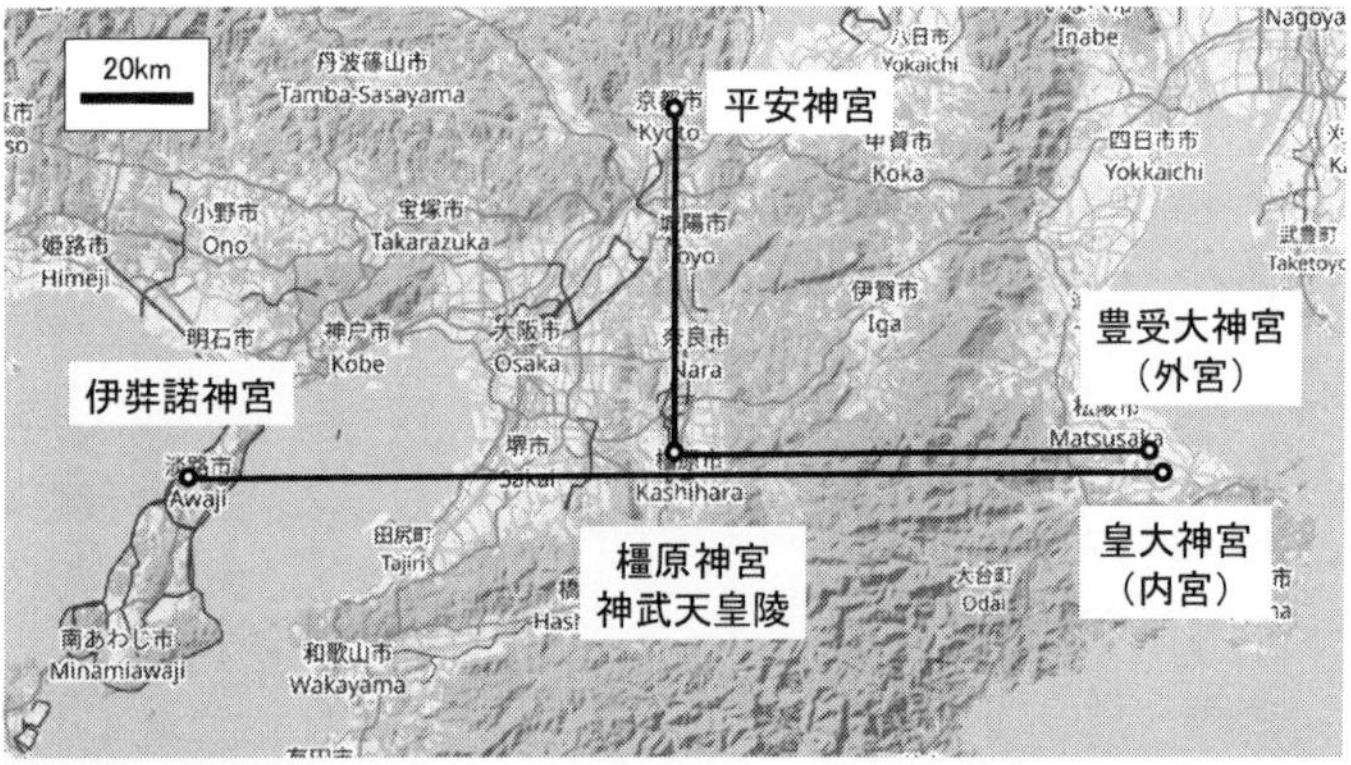

橿原神宮と平安神宮を結ぶ『すめらぎの路』. ©OpenStreetMap.

そこで、この経度を中心に0.5分（30秒）の幅つまり約７５０ｍの幅をもたした、東経１３５度46分40秒から東経１３５度47分40秒の南北の経度の幅を、『すめらぎの路《みち》』と名付けた。

「天皇」は「てんのう」と読むのが一般的であるが、訓読みでは「すめらみこと」と読み、「すめらぎ」とも読む。「すめらぎ」と読むと天皇は一般的に皇祖もしくは皇祖から続く皇統を意味し、古より続く皇統の連続性を含んだ文脈で用いられる[14]。

また、「道」でなく「路」とした。前者の「道」というのは、柔道や剣道のように、なにかをつきつめる「道」のようなニュアンスが強くなる。幕末の新選組の前身である浪士組の発案者であった清河八郎の時世の句に「すめらぎの道」という句が登場する。

魁がけて　またさきがけん　死出の山
まよいはせまじ　皇《すめらぎ》の道

尊王攘夷に命をかけた志士により詠まれた「すめらぎの道」は、今の我々からすると少し過激に思えるが、『すめらぎの路』とすれば、神武天皇陵や神武天皇を祀る橿原《かしはら》神宮を通る路という意味を持たすことができると考えた。

平安神宮に通じる神宮道に朱色の大鳥居があり、この鳥居は南北を向いているので、まさに『すめらぎの路』を示しているのである。社殿は平安京の大内裏《だいだいり》の正庁である朝堂院を模し、実物の八分の五の規模で復元されている。朱色の大鳥居の先に朝堂院の応天門を模した朱色の正門があり、その正門をくぐると、右手に「左近の桜」、左手に「右近の橘」が目に入り、正面には大極殿を模した外拝殿が鎮座する。この外拝殿を囲むように約一万坪の日本庭園である「平安神宮神苑」がある。さながら、平安時代にタイムスリップをしたような感覚となる。

平安京の主祭神である桓武天皇は平城京から長岡京を経て、延暦13年（７９４年）に平安京に遷都した。桓武天皇が生前に定めた内裏は『すめらぎの路』から離れたところであったが、その千年以上後に神となり平安神宮に移られて『すめらぎの路』に戻ってきたのである。

そして、神話と深く関わりのあった『陽の道しるべ』に続き、初代神武天皇を祀る橿原《かしはら》神宮を起点とする『すめらぎの路』が神々や皇室、さらには日本史に登場する偉人と深く関わっているようである。

第二章

『すめらぎの路』

その一

十五　『すめらぎの路』〜明智光秀首塚〜

まず、『すめらぎの路』を平安神宮から橿原《かしはら》神宮まで旅してみよう。平安神宮の真南に、京都国立近代美術館と京セラ京都市美術館があるが、その間にある平安神宮の大鳥居があり、そこから南におりる道を神宮道という。神宮道から三条通りを西に少し進み、白川橋の手前を川沿いに南に進むと標識があるので、それを目印に進むと、路地裏にひっそりと五重の石塔とその脇に小さなお堂がある。そこに明智光秀首塚がある。

明智光秀首塚：北緯35度00分30秒、東経１３５度46分50秒

明智光秀は、戦国時代から安土桃山時代にかけての武将である。もともと織田信長に仕えていたものの、天正10年（１５８２年）６月２日に謀反をおこし、本能寺に宿泊していた織田信長を攻めて自害に追い込んだ（本能寺の変）。しかし、備中高松城の戦いを急いで終わらせ中国大返しで戻ってきた豊臣秀吉に、山崎の戦いで敗れてしまう。本能寺の変からわずか十一日後のことである。光秀はその場から落ち延びようとしたが、落ち武者狩りの百姓に竹槍で刺さ

れて深手を負った。最期と悟った光秀は自らの首を知恩院に届けてくれと言い残し自害したと伝えられている。

その首は粟田口《あわたぐち》附近に埋められ，その上に塚が築かれた。この塚に建てられた五重の石塔がのちに現在の地に移され、明智光秀首塚としてひっそりと祀られている。

明智光秀は令和2年（2020年）のNHK大河ドラマ「麒麟《きりん》が来る」の主人公でもあり、よく知られているが、その墓の位置を知っている人は少ないであろう。実際、明智光秀の首塚は他にもあって、京都府亀岡市宮前町の谷性寺に埋葬されたとも伝わっている。

ここで、一つ疑問なのが、何故、自らの首を知恩院に届けるように言ったと伝えられているかということである。明智光秀の菩提寺は、明智光秀の領地であった滋賀県大津市坂本にある西教寺で、天台真盛宗の寺院である。今でも光秀の供養塔や一族の墓がある。また、亀岡市にある谷性寺は真言宗である。一方、知恩院は次に述べるが浄土宗であり、宗派が異なっている。

明智光秀の娘である玉は、細川忠興の正室となり、細川ガラシャとしても有名である。その子孫（明智光秀から数えて九代目）である勧修寺婧子《かじゅうじただこ》は第百十九代光格天皇の典侍《ないしのすけ》となり、第百二十代仁孝天皇を生んだ。また別の子孫（明智光秀から数えて一〇代目）である正親町雅子《おおぎまちなおこ》は、仁孝天皇の典侍《ないしのすけ》となって、孝明天皇を生んでいる。明智光秀の血統は現在の皇室に強く入っているのだ。

光秀自身は裏切り者の汚名を着せられたためか、どこかに廟や神社として祀られることはなく、ひっそりと狭い場所で祀られている。光秀自身は次に述べるように知恩院が『すめらぎの路』の上にあることを知っていたのだろうか。あるいは、光秀が現在の皇室にも強い関わりがあるようになっていくことを神々は知っていたのだろうか。いずれにせよ、今では『すめらぎの路』の上で眠っているのである。

『すめらぎの路』平安神宮〜大谷祖廟.
©OpenStreetMap.

十六　『すめらぎの路』〜知恩院、大谷祖廟〜

神宮道に戻り、南に行くと知恩院がある。

知恩院 御影堂：北緯35度00分19秒、東経１３５度47分00秒

知恩院は京都市東山区にある浄土宗の総本山である。浄土宗は鎌倉新仏教六宗派の一つであり、その始祖は法然である。知恩院は承安5年（１１７５年）に法然により創建された。

徳川将軍家が浄土宗徒であったこともあり、徳川家康は慶長8年（１６０３年）、知恩院を母の於大の方の永代菩提寺に定め、諸堂の造営を行っていた。寛永10年（１６３３年）の火災でほぼ全焼したが、三代将軍徳川家光により立派な御影堂を含め再建された。

法然は、死後十七回忌でもある安貞2年（１２２８年）1月25日に火葬して荼毘《だび》に付され、遺骨は知恩院などに分骨されている。つまり、法然上人はこの『すめらぎの路』の上に眠っているのである。『すめらぎの路』は、どうやら皇室のみならず、日本に貢献した様々な偉人達を包みこんでいるようである。

知恩院から南に行くと、桜で有名な円山公園に通じ、さらに南に行くと大谷祖廟がある。

大谷祖廟：北緯35度00分09秒、東経135度46分58秒

鎌倉新仏教六宗派の一つである浄土真宗の宗祖が親鸞であり、大谷祖廟は、その親鸞の墳墓の地である。親鸞は法然の弟子であるが、浄土宗の支持層が京都周辺の公家や武士、庶民であったのに対して、浄土真宗は地方武士や農民に支持された。親鸞は死後、荼毘にふされ、遺骨は平安京の三大葬送の地の一つである鳥部野の北辺の「大谷」に納められたとされている。そのため、ここに大谷祖廟が作られた。

文永9年（1272年）に「大谷」から少し南西の「吉水の北辺」に改葬され、「大谷廟堂」として親鸞の廟堂が創建された。そして、亀山天皇から「久遠実成阿弥陀本願寺《くおんじつじょうあみだほんがんじ》」という寺号が下賜された。以後、浄土真宗の寺院を○○本願寺というようになった。

慶長2年（1602年）に東西分立により西本願寺と東本願寺にわかれ、「大谷廟堂」は「大谷本廟」と改名され西本願寺が管理することになった。一方、東本願寺は新祖廟造営が求められるようになり、親鸞が荼毘《だび》されたとされる鳥辺山に「大谷祖廟」を整備した。大谷祖廟は東本願寺の飛地境内であり、親鸞をはじめ、本願寺の歴代、全国各地の寺院・門徒の遺骨が納め

られている。また祖廟の背後から南にかけて、一般の方々が眠る東大谷墓地が広がっている。

親鸞は結果的には師匠であった法然の後を追って、『すめらぎの路』の上にやってきた。親鸞聖人にも『すめらぎの路』の上で安らかにお眠りいただきたい。

十七　『すめらぎの路』〜大雲院（織田信長・信忠供養塔）〜

東大谷墓地の真南に老舗料亭「菊乃井本店」があり、東に向かうと、大雲院がある。

大雲院：北緯35度00分08秒、東経１３５度46分48秒

大雲院は、京都市東山区にある浄土宗の寺院である。第一〇六代正親町《おおぎまち》天皇の勅命により、貞安《じょうあん》上人を開山として、織田信長の子信忠の菩提を弔うため、信忠が討たれた二条新御所跡（烏丸御池）に天正15年（１５８７年）創建された。大雲院という寺院名は、信忠の法名に由来する。しかし同年中に都市政策のため、四条河原町に移動するように豊臣秀吉から命じられた。その後、何度か火災で焼失するも再建された。

時代とともに周囲が繁華街となり、昭和47年（１９７２年）に髙島屋京都店増床に伴い、東山区にある大倉財閥創始者であった大倉喜八郎の旧邸を買得して再移転した。こうして平安神宮のように『すめらぎの路』の上に移り、今の場所に落ち着いているのである。

境内には、近代日本を代表する建築家・伊東忠太の設計による「祇園閣」がそびえたってい

る。高さ36ｍの三階建てで、祇園祭の鉾をモチーフにした独特のデザインであり、屋根は銅板葺きであり、通称「銅閣寺」ともいわれる。閣上からは全方位の眺望であり、京都の街並みを望むことができる。

本能寺の変で殺害された織田信長・信忠は遺体は発見されず墓はない。しかし、全国二十一箇所に織田信長の衣冠墓・供養塔が作られ、大雲院にその一つがある。『すめらぎの路』の上で、自分達を裏切った明智光秀と共に眠っているというのも何かの縁であろうか。

なお、境内には安土桃山時代の大盗賊である石川五右衛門の墓もある。文禄3年（1594年）に捕えられ、京都三条河原で釜茹にされ処刑となる直前に市中を引き回された。五右衛門が大雲院門前に至った際、大雲院を創建した貞安上人が引導を渡したのが縁で墓が作られたという。江戸時代には伝説の大泥棒として認知され、数多くの創作作品が生まれたため、日本史上最も有名な盗賊であろう。その盗賊が、死して『すめらぎの路』の上で眠っているのも不思議なものである。

十八　『すめらぎの路』～八坂神社～

円山公園のすぐ西には八坂神社がある。阪急京都河原町駅から四条通りを東に十分ほど歩くと朱色の鳥居が見えてくる。初詣の参拝客数は正月三が日だけで百万人を超え、京都府内では、伏見稲荷大社に次ぐ参拝客数を誇る。

八坂神社：北緯35度00分13秒、東経１３５度46分43秒

八坂神社は京都府京都市東山区祇園町にあり、創建は斉明天皇2年（６５６年）であるので、京都が平安京として遷都される前から鎮座している神社である。主祭神は素戔嗚尊《スサノオノミコト》であり、櫛稲田姫命《クシナダヒメノミコト》、そして、スサノオの子供達である八柱御子神《ヤハシラノミコガミ》も祀られている。クシナダヒメは「ヤマタノオロチ」の物語で登場し、スサノオの妻となった神である。高麗より来日した使節の一員であった伊利之《いりし》が新羅国牛頭山に坐したスサノオをこの地に祀るために創建したとされる[15]。

本殿と拝殿を一つの入母屋屋根で覆った独特の建築様式「祇園造」である本殿が令和２年（２０２０年）に国宝に指定された。

八坂神社は京都三大祭（他は上賀茂神社・下鴨神社の葵祭、平安神宮の時代祭）、及び日本三大祭（他は大阪の天神祭、東京の山王祭、神田祭）の一つである祇園祭の胴元である。祇園祭は貞観5年（863年）より続く京都の暑い夏の風物詩であり、平成30年（2018年）11月30日、「京都祇園祭の山鉾行事」を含めて拡張提案されていた「山・鉾・屋台行事」が、ユネスコ無形文化遺産の代表一覧表に記載された。令和元年（2019年）には祭の千百五十周年が祝われたほど長い歴史であり、京都の人々に愛されている祭である。

十九　『すめらぎの路』〜京都霊山護国神社〜

大谷祖廟のすぐ南に京都霊山護国神社がある。実際には、大雲院から南にのびる「ねねの道」を突き当りまで行き、そこを東の方に坂を上っていくとたどり着く。

京都霊山護國神社：北緯34度59分59秒、東経１３５度46分58秒

京都霊山護國神社は、京都府京都市東山区にある神社である。もともとは、明治天皇から幕末に倒れた志士たちの御霊を祀るように命じられ慶応4年（１８６８年）に霊山官祭招魂社として創建された[16]。東京の靖国神社の一年前に創建されている。

霊山官祭招魂社としての祭神は五百四十九柱であって、古くは天誅組の首将中山忠光を始め月照信海、橋本佐内、久坂玄瑞、高杉晋作、坂本龍馬、中岡慎太郎、武市半平太等が祀られた。出身藩ごとにわけられて墓標があり、さらに、この墓地の一番奥には、長州出身で、明治新政府設立後にも活躍した木戸孝允（桂小五郎）の遺骨が埋葬されている。

さらに、昭和11年（１９３６年）、日中戦争をきっかけとして国難に殉じた京都府出身者の

国事殉難者を手厚く祀ろうという運動がおき、昭和14年（１９３９年）、内務大臣布告により京都霊山護国神社と改称された。現在では、明治以降の日清日露戦争、第一次世界大戦、第二次世界大戦の戦死者なども合わせ七万三千十一柱が祭神として祀られている。

この祭神の中には幕末に薩長同盟の成立や倒幕、大政奉還、明治維新に大きく貢献するも、慶応３年（１８６７年）11月15日に京都近江屋で暗殺された坂本龍馬と中岡慎太郎も含まれていて、二人の墓標のみならず、陵内には二人の銅像も立っている。また、毎年11月15日には「龍馬祭」が開かれている。明治39年（１９０６年）に行われた両雄をはじめとする志士の式年祭（四十年祭）が墓前祭の始まりで、その十年後の大正５年（１９１６年）11月15日からは毎年開かれ、現在に至っている。

我が国のために命を落とされた多くの柱に心からの哀悼と敬意、感謝の気持ちを表したい。このような方々が『すめらぎの路』に祀られているのは神々の計らいであろう。

二十　『すめらぎの路』～清水寺～

次に見えてくるのは「清水の舞台から飛び降りる」で有名な清水寺である。清水寺に続く清水坂は、コロナ禍以前は国内外からの観光客でごった返し、よくテレビで取り上げられ放送されていた場所だ。緊急事態宣言が明けた週末の状況の報道でも、清水坂にある土産屋のコメントが放送されていた。私も何度も訪れたことがある。ところで、清水寺はどの宗派であっただろうか。それを知っている観光客はどの程度いるであろうか。

清水寺：北緯34度59分41秒、東経135度47分06秒

清水寺《きよみずでら》は、京都市東山区清水にあり、北法相宗の寺院である。正式には音羽山清水寺である。現在の宗派である北法相宗の大本山であるが、

『すめらぎの路』京都霊山護国神社～豊国廟．©OpenStreetMap.

北法相宗は奈良時代の南都六宗の一つである法相宗から昭和40年（1965年）に独立して立宗された。清水寺そのものの創建は、奈良時代の宝亀9年（778年）というから、平安京に遷都される前から京都に建てられた寺院であり、その時に、すでに『すめらぎの路』の上に建てられていたということになる。

何度も大火災にあい、現在の私達が目にする伽藍のほとんどが江戸時代の寛永6年（1629年）の大火災後の寛永10年（1633年）に再建された。知恩院の大火災が寛永10年（1633年）であったので、この頃の東山は大火事ばかりがおこり、さぞ大変であったであろう。平成6年（1994年）にはユネスコ世界文化遺産「古都京都の文化財」の一つとして登録されている。

二十一　『すめらぎの路』～豊国廟～

清水寺から南に行く道は実際にはないが、地図上をさらに南に行くと、京都市営清水山墓地があり、国道1号線を越えたところにあるのが豊国廟《ほうこくびょう》である。

豊国廟：北緯34度59分18秒、東経１３５度47分07秒

豊国廟《ほうこくびょう》には、歴史上でも人気の高い英雄である豊臣秀吉が祀られている。主人の織田信長の仇であった明智光秀を討ち、信長の後をついで日本統一を果たし、関白・太政大臣に任じられ、安土桃山時代を築いた武将である。慶長3年（１５９８年）8月18日に伏見城にてその生涯を終え、死後、阿弥陀ガ峰山頂に埋葬された。朝廷から「豊臣大明神」の神号、さらに正一位の神階が与えられ、豊国廟《ほうこくびょう》が建立され、その麓には豊国神社が建立された。しかし、秀吉の死後、政権が徳川家にかわり、前政権が神格化されていた豊国廟《ほうこくびょう》は破壊され、明治13年（１８８０年）に修築が行われるまで放置されていた。

明治30年（１８９７年）、秀吉の三百年忌に際し、廟宇《びょうう》が再建され、麓から阿弥陀ガ峰山頂

まで真っ直ぐに伸びる五百六十三段の石段を登ったところに石造五輪塔が建てられた。この工事の際、土中から見つかった直径一メートル程の素焼きの壷の中からミイラ化した秀吉の遺骸とおぼしきものが発見された。風化した遺骸がボロボロと崩れてしまったため、桐箱に入れ直されて丁重に再埋葬された。

この長い石段をひたすら上を目指して歩くのはかなり足が疲れるが、その頂上にある石造五輪塔が見えてくると、小さな達成感がある。また、その石造五輪塔のすぐ北側から市街をみると、目の前に清水の舞台を含んだ朱色の清水寺が、さらには西には、緑の屋根の大雲院祇園閣を見渡すことができる。この大雲院には秀吉の主人であった信長の供養塔がある。実際にこの地に立ってその景色をみると、その美しい京都の街並みに感動すると共に、この付近の『すめらぎの路』の全貌をみることができ感慨深くなる。主君の織田信長、信長を自害に追いやった明智光秀と共に、『すめらぎの路』の上で、彼らと共に供養されているとは、本人も思ってもみなかっただろう。

二十二『すめらぎの路』～月輪陵、泉涌寺～

南に進むと月輪陵という文字が見えてきた。月輪陵と聞いて、その読み方がわかり、それが何のことだかすぐにわかる日本人はどれだけいるだろうか。私は不勉強でこの史跡を知らなかったが、調べてみると、ここでもまた新たな発見があった。

泉涌寺仏殿：北緯34度58分41秒、東経１３５度46分50秒
月輪陵：北緯34度58分38秒、東経１３５度46分55秒
孝明天皇後月輪東山陵：北緯34度58分38秒、東経１３５度46分59秒

月輪陵《つきのわのみささぎ》は、京都市東山区にある真言宗泉涌寺派の総本山の寺院である泉涌寺《せんにゅうじ》の中にある。
泉涌寺は、斉衡2年（８５５年）に左大臣藤原緒嗣が僧・神修のために創建し、建保6年（１２１８年）に、月輪大師《がちりんだいし》（俊芿《じゅんじょう》）により開山された。鎌倉時代に後鳥羽上皇、順徳上皇、後高倉院をはじめ、北条政子、北条泰時も月輪大師によって受戒された。そして、第八十六代後堀河天皇、第八十七代四条天皇、および江戸時代の第一〇八代後水尾天皇から第百二十一代孝明天皇に至

る歴代天皇・皇后の葬儀が一貫して行われた。そのため、皇室の菩提寺（皇室香華院）として御寺《みてら》と呼ばれている[17]。

陵墓としては「月輪陵《つきのわのみささぎ》」、「後月輪陵《のちのつきのわのみささぎ》」、「後月輪東山陵《のちのつきのわのひがしのみささぎ》」が築かれて祀られている。月輪陵《つきのわのみささぎ》と後月輪陵《のちのつきのわのみささぎ》は四条天皇を初めとして、江戸時代の御水尾天皇から第百二十代仁孝天皇に至るまでの天皇・皇后・親王などの二十五陵、五灰塚、九墓が営まれている皇室最大の陵墓である。先述した明智光秀の子孫で孝明天皇の生母である正親町雅子《おおぎまちなおこ》も月輪陵《つきのわのみささぎ》内に墓がある。一方、後月輪東山陵《のちのつきのわのみささぎ》は孝明天皇陵である。このように陵墓は厳かな場所であり、みだりに域内に入ることは許されていない。天皇陛下・皇后陛下が京都に行幸啓する折りには、参拝するのが恒例となっている。神武天皇陵からつづく『すめらぎの路』の上に、歴代天皇・皇后の陵墓があるというのはやはり神々の導きなのだろうか。

二十三　『すめらぎの路』～伏見稲荷大社～

次に南にいくと、稲荷山が見えてくる。伏見稲荷大社は『すめらぎの路』から少し離れているが、稲荷山が『すめらぎの路』の上にある。

伏見稲荷大社：北緯34度58分03秒、東経１３５度46分25秒
稲荷山：北緯34度58分02秒、東経１３５度47分08秒

伏見稲荷大社《ふしみいなりたいしゃ》は、京都市伏見区深草にある神社で、全国に約三万社あるといわれる稲荷神社の総本社である[18]。宇迦之御魂大神《ウカノミタマノオオカミ》、佐田彦大神《サタヒコノオオカミ》、大宮能売大神《オオミヤノメノオオカミ》、田中大神《タナカノオオカミ》、四大神《シノオオカミ》、これら五柱の神を一宇相殿、つまり一つの社殿に合祀し、主祭神をこれら五柱を総称した稲荷大神《イナリノオオカミ》として祀られている。稲荷大明神、お稲荷様、お稲荷さんともいわれている。ウカノミタマは五穀をつかさどる御食津神《みけつかみ》であり、古事記の記述ではスサノオの娘、日本書紀の記述ではイザナギ・イザナミの娘である。サタヒコは天孫降臨に際に活躍したサルタヒコの別名である。オオミヤノメはウカノミタマに仕える巫女を神格化した説やアマノウズメの別名という説もある。

田中大神や四大神は地元神ではないかと考えられている。

イナリノオオカミが鎮座した稲荷山が伏見稲荷大社の神体である。この御神体こそが、『すめらぎの路』の上にあるのである。参拝者は山の麓の伏見稲荷大社にお祈りをした後に、朱塗りの美しい「千本鳥居」を通って、頂上にある「一ノ峰上社《いちのみねかみしゃ》」を目指す。

初詣の参拝客数は正月三が日だけで二百七十万人を超え、関西で最も参拝客が多く、コロナ禍直前の２０２０年で全国四位の参拝者数である。近年は外国人観光客からも観光地として人気があり、旅行口コミサイトとして世界最大の閲覧数を持つトリップアドバイザーによると、「外国人に人気の日本の観光スポット調査」で２０１４年からコロナ禍以前の２０１９年まで6年連続一位であった。世界中の観光客が知らず知らずのうちに『すめらぎの路』に足を運んでいたことになる。コロナ禍が収束して以前のように国内外から多くの参拝客で賑わう日もそう遠くはないだろう。

この『すめらぎの路』の起点である橿原《かしはら》神宮が鎮座する以前からその地に祀られていた長山稲荷社も稲荷神社の一つであり、御祭神の三柱のうち、ウカノミタマノカミとオオミヤノメノカミの二柱が伏見稲荷大社と同じ神として祀られている。ではサルタヒコが祀られている神社として伊勢の椿大神社《つばきおおかみやしろ》があったが、伏見稲荷大社と何か位置的な関係はないだろうか。調べてみるとそこには新たな発見があった。

二十四　『さるたひこのよこ路』～椿大神社～

サルタヒコの祀られている椿大神社《つばきおおかみやしろ》は伊勢国《いせのくに》一宮である。そう、伊勢国《いせのくに》一宮は伊勢の神宮ではないのである。

椿大神社：北緯３４度５７分５３秒、東経１３６度２７分０７秒

伏見稲荷大社は北緯３４度５８分０３秒にあるので、椿大神社《つばきおおかみやしろ》との緯度の違いはわずかに１０秒、約３００ｍの違いである。伊勢国《いせのくに》一宮が伊勢の神宮からなぜ遠く離れたところにあるのかが疑問であったが、これがヒントかもしれない。伏見稲荷大社と同じ緯度に鎮座させ、伏見稲荷大社にもサルタヒコを佐田彦大神《さたひこのおおかみ》として祀っているのは、さながら、豊受大神宮（外宮）と橿原《かしはら》神宮にある長山稲荷社にトヨウケノカミを祀っているのと同じようである。椿大神社《つばきおおかみやしろ》と伏見稲荷大社が同じ緯度に鎮座していることになんらかの意味があるのかもしれず、これらの神社のある北緯３４度５８分を通る線を『さるたひこのよこ路』と名付けた。

椿大神社《つばきおおかみやしろ》は、三重県鈴鹿市山本町にある神社である。御祭神は主神が猿田彦大神であり、相殿に、天孫降臨で仕えた瓊瓊杵尊《ニニギノミコト》及びその母である栲幡千千姫命《タクハタチヂヒメノミコト》、配祀として、猿田彦大神の妻神ともいわれている天之鈿女命《アメノウズメノミコト》及びニニギノミコトの妻である木花咲耶姫命《コノハナサクヤヒメノミコト》が祀られている。伏見稲荷大社で祀られているオオミヤノメがアメノウズメと同じである説があるが、伏見稲荷大社と椿大神社《つばきおおかみやしろ》が同じ緯度にあることはこの説を裏付けるものかもしれない。

創建は、垂仁天皇二十七年（紀元前3年）、倭姫命《ヤマトヒメノミコト》の御神託により、この地に「道別大神の社」として社殿が奉斎された。第十六代仁徳天皇の御代、御霊夢により「椿」の字をもって社名とされ、現在に及んでいる。猿田彦大神を祀る全国約二千社の本宮として、猿田彦大本宮とも呼ばれる[19]。

昭和63年（1987年）、北米大陸初の神社として、アメリカ合衆国カリフォルニア州ストックトンに椿大神社《つばきおおかみやしろ》の分社としてアメリカ椿神社《つばきじんじゃ》が創建された。平成13年（2001年）に、ワシントン

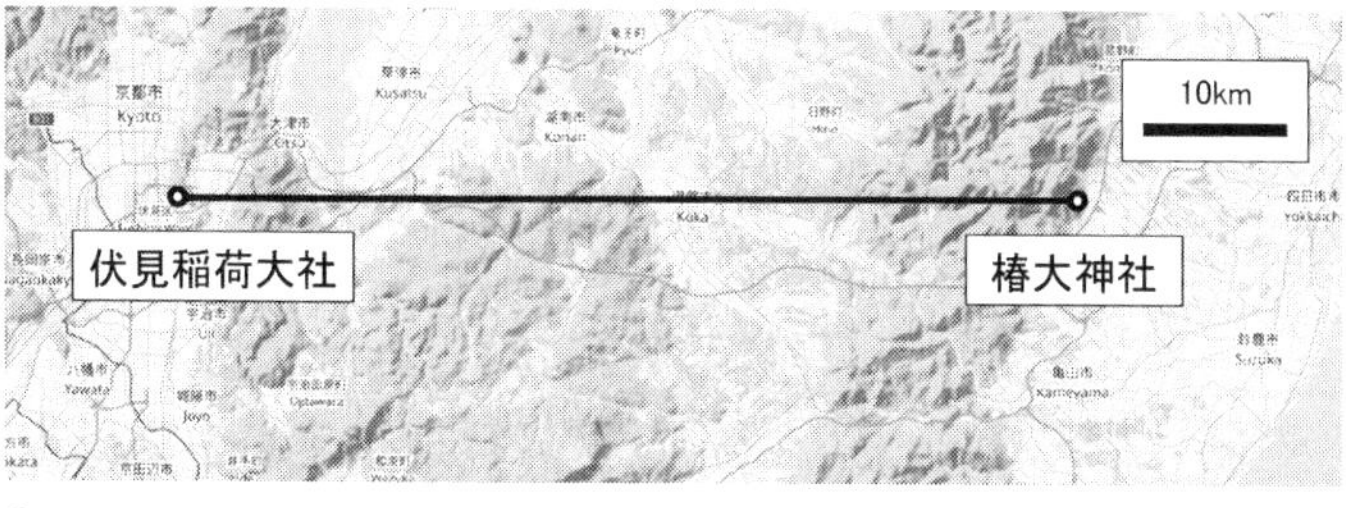

『さるたひこのよこ路』. 伏見稲荷大社〜椿大神社. ©OpenStreetMap.

州シアトル近郊のグラナイトフォールズにアメリカ椿大神社《つばきおおかみやしろ》として移転した。天孫降臨の際に道案内をしたということから、道の神、旅人の神とされるようになり、今では「みちひらきの神」としてサルタヒコが太平洋を越え、北米大陸に祀られているのである。

二十五　『すめらぎの路』〜明治天皇伏見桃山陵・桓武天皇柏原陵〜

少し話が逸れてしまったので、『すめらぎの路』に戻って旅を続けよう。稲荷山から南に向かうと、明治天皇伏見桃山陵が見えてくる。伏見桃山陵は、豊臣秀吉が築いた伏見城の本丸の跡地である。幕末に即位した第百二十二代明治天皇は、明治新政府による東京への遷都後は東京にお住まいになったが、明治45年（1912年）7月30日に崩御され、同年9月13日に東京青山の神宮外苑にて大葬儀が行われた翌14日に埋葬されることになった。

明治天皇伏見桃山陵：北緯34度56分02秒、東経135度46分54秒

遺言により墓所は京都になったとの事だが、崩御後に東京から『すめらぎの路』に戻ってくることになったのも神々のはからいであろうか。なお、歴代天皇の陵墓は明治天皇まではすべて近畿以西にあるが、東京遷都後は、第百二十三代大正天皇、第百二十四代昭和天皇の陵墓は東京都八王子市の武蔵陵墓地に作られている。また、明治天皇は、東京渋谷区代々木の明治神宮で主祭神として祀られている。一方、明治天皇伏見桃山陵のやや西に、平安京に遷都した桓

武天皇の陵墓である柏原陵《かしわばらのみささぎ》がある。

桓武天皇柏原陵：北緯34度56分25秒、東経１３５度46分25秒

桓武天皇が平安京に遷都した後に、日常生活やまつりごとを行った宮城である大内裏は『すめらぎの路』から離れた場所にあり、崩御後に作られた陵墓は『すめらぎの路』からわずかに離れた場所にまで近づいてきたが、現在は平安神宮の主祭神として『すめらぎの路』の上で祀られるようになった。

『すめらぎの路』（太線）泉涌寺〜明治天皇伏見桃山陵と『さるたひこのよこ路』（細線）. ©OpenStreetMap.

二十六　『すめらぎの路』～平城京北の古墳群と倭建命の物語～

明治天皇伏見桃山陵を南に下ると、宇治市、城陽市、京田辺市、精華町、木津川市を過ぎ、奈良市に至る。奈良市に入りまず見えてくるのは、五社神古墳（神功皇后陵）であり、その先には宝来山古墳（垂仁天皇陵）がある。話の流れ上、まず、垂仁天皇とその孫である倭健命《ヤマトタケルノミコト》の物語から始めたい。

宝来山古墳（垂仁天皇陵）：北緯34度40分48秒、東経１３５度46分55秒
佐紀陵山古墳（日葉酢媛命陵）：北緯34度42分00秒、東経１３５度47分21秒

垂仁天皇は第十一代天皇で、その二番目の皇后が日葉酢媛命《ヒバスヒメノミコト》である。当時、主人が亡くなると家臣が殉死をする風習があった。しかし、ヒバスヒメが亡くなった際に、殉死を悪習だと考えていた垂仁天皇は家臣に、殉死の風習に代わる方法を探すように命じた。そこで、家臣は埴輪の制を案出し、その陵墓に初めて人や馬に見立てた埴輪が埋納されることとなり、以後踏襲されるようになった。

垂仁天皇は140歳で崩御したとされており、垂仁天皇と日葉酢媛命の間の子供に第十二代景行天皇と倭姫命《ヤマトヒメノミコト》がいる。景行天皇の子供が日本古代史上伝説的な英雄である倭健命《ヤマトタケルノミコト》である。

ヤマトタケルは、古事記中つ巻の主要登場人物の一人で、第十二代景行天皇の皇子で、第十三代成務天皇の兄、第十四代仲哀天皇の父にあたる。幼少期は小碓命《オウスノミコ》とよばれ、父景行天皇の命令を誤解して、父の寵妃を奪った兄である大碓命《オオウスノミコ》を殺害した。その性格に恐れをなした景行天皇は、オウスノミコをおそれ、西国の九州の熊襲健《クマソタケル》兄弟の討伐を命ずる。この時、オウスノミコはまだ15才である。

少ない従者しか与えられなかったが、叔母のヤマトヒメが斎王を勤めている伊勢へ赴くと、ヤマトヒメから女性の衣装を授けられた。オウスノミコは九州に到達すると、ヤマトヒメから与えられた女性の衣装を身にまとい、少女の姿となって、熊襲健《クマソタケル》兄弟にいる宴会の場に忍び込んだ。宴たけなわとなると、兄に近づきこれを殺害し、続いて弟に切りつけた。弟は死ぬ間際にオウスノミコの武勇を称え、倭健《ヤマトタケル》の号を授けた。

九州からの帰りに、出雲に入り、出雲健《イズモタケル》と出会うが、出雲が大和に従属せず対等であろうとすることを危惧し、イズモタケルを殺害した。その後、各地を平定しながら大和に帰国した。こうして、景行天皇から命じられた熊襲征伐に成功したが、この時期に大和政権は九州地方へ足がかりができたと考えられている。

　熊襲征伐から戻ったヤマトタケルに対し、景行天皇は次に東国征伐を命ずる。しかし、この時もわずかな手勢しか与えなかった。ヤマトタケルは再びヤマトヒメを訪れ、父が自分の死を願っているのではないかと嘆いた。


　ここでヤマトヒメであるが、第十一代垂仁天皇の皇女であり、景行天皇の妹である。ヤマトヒメが垂仁天皇25年（紀元前4年）に伊勢に皇大神宮（内宮）を創建したとされている。ヤマトヒメは斎王として、伊勢の神宮を管理した。その後、斎王の存在は古事記の編纂を命じた第四十代天武天皇によって制度化された。天皇の代替わり毎に未婚の内親王また女王から選ばれ、アマテラスオオミカミの「御杖代《みつえしろ》（神の意を受ける依代）」として伊勢神宮に奉仕し、南北朝時代まで続いたという。斎王は伊勢神宮から少し離れた場所に作られた斎宮で過ごした。斎宮は碁盤の目状に道路が走っていて、建物が百棟以上も立ち並ぶ整然とした都市で、地方都市としては、九州大宰府に次ぐ規模をもっていた。京都や地方から様々な物資や文化があつまる拠点であったと考えられている[20]。

　昭和になり伊勢の神宮のトップである祭主《まつりのつかさ》は女性皇族が務めるようになり、現在は、今上天皇の妹である黒田清子様がその任につかれている。

ヤマトタケルを哀れに思ったヤマトヒメは皇大神宮（内宮）に納められていた神剣である草薙剣をヤマトタケルに与えた。草薙剣は、スサノオがヤマタノオロチを退治した際に、その尾から見つかり、アマテラスオオミカミに献上した剣である。ヤマトヒメは伊勢神宮の斎王として、皇大神宮（内宮）に三種の神器の一つである八咫鏡を神体とするアマテラスオオミカミを祀っていたが、ヤマトタケルに与える前までは、草薙剣も皇大神宮（内宮）で共に祀っていたと考えられている。また、「困った時にはこれを開けなさい」と袋を与えた。

その後、ヤマトタケルはまず尾張国に入り、美夜受比売《ミヤズヒメ》と婚約して東国へ赴き、各地を平定していった。

相模国《さがみのくに》に入ったが、その地を支配していた国造《くにのみやつこ》が恭順の意を示しつつ、ヤマトタケルをだまそうとした。国造《くにのみやつこ》は「この野の中に大沼があり、そこに荒々しい神がいます」と言って、ヤマトタケルを草原にひとりで行かせたところを野火攻めにしたので、ヤマトタケルは危機に陥った。ヤマトヒメからもらった袋を開けてみると、火打石がはいっていた。ヤマトタケルは草薙剣で草を短く刈りはらい、刈らなかった場所の草に火打石で火をつけて炎の方向をかえ、なんとかそこから脱出した。この剣で草を薙ぎ払って一命を取り留めたところから、ヤマトヒメからもらったこの剣は草薙剣《くさなぎのつるぎ》と呼ばれるようになった。生還したヤマトタケルは国造《くにのみやつこ》らを全て斬り殺して死体に火をつけ焼いた。そこで、その地は焼遣（やきづ＝焼津）と呼ばれるようになった。

富士山を見ながら相模国《さがみのくに》から上総国《かずさのくに》に東京湾を船で渡っている際に、海峡の神が波を起こして、ヤマトタケルの乗った船は危機におちいった。しかし、后の弟橘比売《オトタチバナヒメ》が神を鎮めるためにその身を神に捧げるとして自ら入水すると海が静まった。オトタチバナヒメの櫛が対岸に流れ着いたので、ヤマトタケルはオトタチバナヒメの陵をつくり、櫛を納めた。

その後も、東国平定を行い、甲斐国《かいのくに》、信濃国《しなののくに》を平定した。こうして尾張国《おわりのくに》に戻り、婚約していたミヤズヒメと結婚した。草薙剣をミヤズヒメに預け伊吹山に向かった。

伊吹山に行き、伊吹山の神と対決しようとしたヤマトタケルの前に、大きな白い猪が現れたが、これが神そのものであった。神は雹をふらし、ヤマトタケルは失神してしまう。居醒めの清水で正気をやや取り戻すが、病の身となっており、能煩野《のぼの》に到ったところで、景行天皇43年（113年）、30歳の若さでその生涯を閉じた。

埋葬後、その陵墓から魂が白鳥となって飛んでいき、大和国《やまとのくに》琴引原で留まり、また飛び立って河内国《かわちのくに》古市に降りたったものの、また飛んで行ったと言われている。

父の景行天皇が143歳まで生きたとされているので、とても短命であったとして描写されているかがわかる。ただ、このように短命で、父から疎まれた不運な生涯であったが故に、人々から英雄と讃えられているのかもしれない。

ヤマトタケルの死後、ミヤズヒメは草薙剣を守っていた。仲哀天皇元年（１９２年）、占いにより尾張国《おわりのくに》熱田の地に熱田社を創建し、それが熱田神宮となった。そして草薙剣は神体として熱田神宮に祀られることになった。

ヤマトタケルはあちこちで祀られていて、白鳥伝説と関わる大鳥信仰の神社として日本各地に大鳥神社があり、その総本社が大鳥大社である。

大鳥大社：北緯34度32分12秒、東経１３５度27分39秒

大鳥大社は大阪府堺市西区鳳北町にある神社であり、和泉国《いずみのくに》一宮である。また、全国の大鳥神社および大鳥信仰の総本社とされる。主祭神は日本武尊《ヤマトタケルノミコト》と大鳥連祖神《オオトリノムラジノオヤガミ》である。

ヤマトタケルの魂が白鳥となって河内国に降り立った後に、さらに和泉国大鳥の地に降り立った場所として創建されたのが、大鳥大社である。神域は千種森《ちぐさのもり》と呼ばれ、白鳥が舞い降りた際、一夜にして樹木が生い茂ったと言われている[21]。

創建は不明であるが、もともとは、大鳥連が祖神を祀ったのが始まりだと考えられている。

大鳥連祖神は和泉国に栄えた神別である大中臣と祖先を一にする大鳥氏と言う部族の先祖を

祀ったもので、中臣氏・藤原氏の祖神である天児屋根命《アメノコヤネノミコト》を祖先とすると伝えられている。

一方、斎王となった倭姫命《ヤマトヒメノミコト》が暮らした斎宮の位置も確認してみた。

斎宮：北緯34度32分23秒、東経１３６度36分50秒

なんということであろうか。ヤマトタケルを祀る大鳥大社とヤマトヒメが暮らした斎宮が同じ北緯34度32分の上にあるのだ！　やはり、古代の人々は神話にまつわる事柄を後世まで語り継ぐものとして、古事記という書物だけでなく、神社を創建して、子孫である我々に伝えたかったのではないだろうか。そこで、すこし寄り道して北緯34度32分を旅してみることにした。するとそこには神聖な山があった。

第四章

『おおみわのよこ路・たて路』

二十七　『おおみわのよこ路』～大神神社と大物主大神～

伊勢にある斎宮と大鳥大社を結ぶ線上にあるのが大神神社《おおみわじんじゃ》と三輪山である。

大神神社：北緯34度31分44秒、東経１３５度51分11秒
三輪山奥津磐座：北緯34度32分07秒、東経１３５度52分00秒

大神神社《おおみわじんじゃ》は、奈良県桜井市にある神社で大和国《やまとのくに》一宮である。御祭神は大物主大神《オオモノヌシノオオカミ》で御神体が三輪山であり本殿はない。創建は不詳であり、有史以前とされている。第十代崇神天皇の時代には国造り神、国家の守護神として祀られ、神階は貞観元年（８５９年）に最高位である正一位となった。

昭和61年（１９８６年）に昭和天皇の在位六十年を奉祝して大鳥居が建立された。高さ32ｍ、柱間23ｍの日本一の大鳥居であり、耐久年数は千三百年と言われている。この大鳥居から望む三輪山がとても美しい。

古事記の中で、オオモノヌシが初めて現れるのは、オオクニヌシと共に「国造り」を行っていた少名毘古那神《スクナビコナノカミ》が常世の国に戻っていき、オオクニヌシが途方にくれていた時である。

スクナビコは別天津神《ことあまつかみ》の一柱である神産巣日神《カミムスビノカミ》の御子神であり、「国造り」の際に、天乃羅摩船《あめのかがみのふね》に乗り、鵝《ひむし》の皮の着物を着て波の彼方より来訪した。そして、オオクニヌシと義兄弟の関係となり国造りに参加した。国造りの神、農業神、薬神、禁厭《まじない》の神、温泉の神として、オオクニヌシと共に国の発展に寄与し、ある程度の国造りを見届けてからまた常世の国に戻っていった。スクナビコは国造り・開拓の神として、明治2年（1869年）に、当時開拓の地であった北海道で創建された札幌神社、現在の北海道神宮の主祭神として祀られている。

スクナビコが常世の国へ去り、オオクニヌシがこれからの国造りについてどのように行うか思い悩んでいた時に、海の向こうから光り輝く神が現れた。これが、オオモノヌシである。オオモノヌシは国造りを成就させる為に「吾をば倭の青垣、東の山の上にいつきまつれ」と三輪山に祀られることを望んだ。こうして、三輪山の麓にある大神神社《おおみわじんじゃ》ではオオモノヌシが主祭神として、また、オオクニヌシになる前の名であるオオナムチとスクナビコが配祀されている[21]。

オオモノヌシは三嶋湟咋《ミシマノミゾクイ》の娘の勢夜陀多良比売《セヤダタラヒメ》という美人を気に入った。セヤダタラヒメが用を足しに川辺にある厠に来る頃を見計らって、オオモノヌシは赤い丹塗り矢に姿を変え川の上流から流れて行った。そして、セヤダタラヒメの下に流れついて、ほと（陰所）を突いた。彼女は驚き走り回ったあと、すぐにその矢を自分の部屋に持って帰り床に置いた。すると、その矢は麗しい男の姿のオオモノヌシに戻った。二人は結ばれて、生まれた子が比売多多良伊須気余理比売《ヒメタタライスケヨリヒメ》、後の神武天皇の后である。こうしてオオモノヌシの血統が皇統に入ることになった。

　三輪山の緯度である北緯34度32分07秒を中心として0．5分（30秒）の幅をもたした北緯34度31分37秒から北緯34度32分37秒の東西の経度の幅を、『おおみわのよこ路』と名付けた。この『おおみわのよこ路』に東から、斎宮、三輪山及び大神神社《おおみわじんじゃ》、そして大鳥神社が鎮座するのである。

　そして、奈良盆地の東に位置するこの神社を北に向かうと、陵や神社が現れるのである。大神神社《おおみわじんじゃ》のある東経１３５度51分11秒を中心として0．5分（30秒）の幅をもたした東経１３５度50分41秒から東経１３５度51分41秒の東西の経度の幅を、『おおみわのたて路』と名付けた。

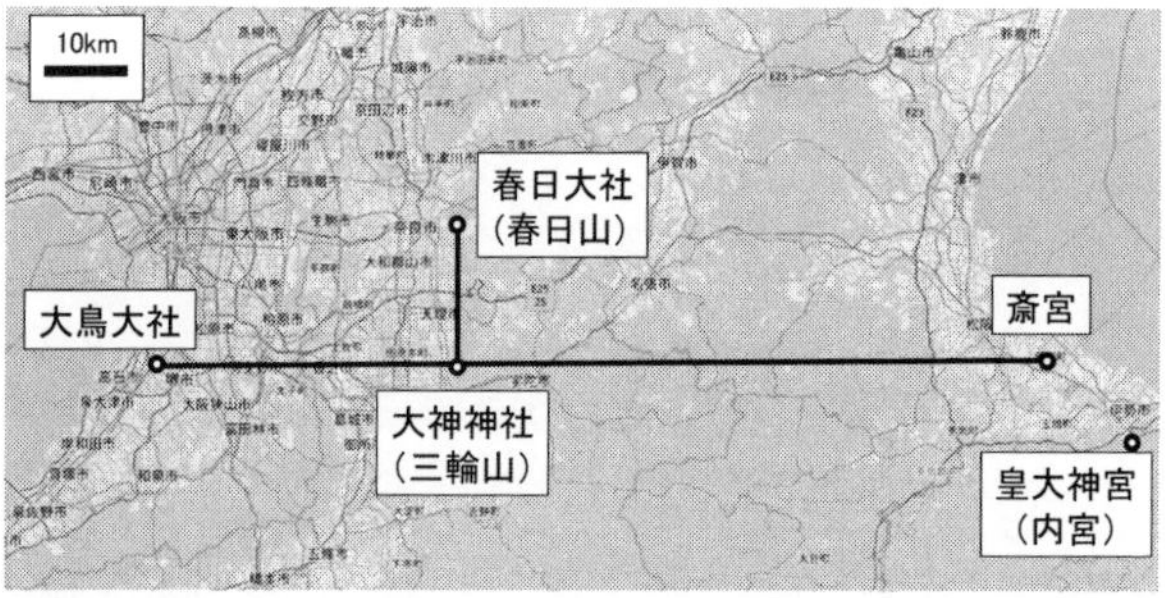

『おおみわのよこ路』大鳥大社～斎宮．『おおみわのたて路』大神神社～春日大社．©OpenStreetMap.

二十八『おおみわのたて路』〜大神神社の北の古墳群〜

大神神社《おおみわじんじゃ》から北に向かうと、そこには崇神天皇、景行天皇の陵が現れる。

崇神天皇山辺道勾岡上陵拝所：北緯34度33分30秒、東経１３５度50分50秒

景行天皇山辺道上陵拝所：北緯34度33分01秒、東経１３５度50分50秒

山辺道勾岡上陵《やまのべのみちのまがりのおかのえのみささぎ》は奈良県天理市柳本町にある前方後円墳であり第十代崇神天皇の陵として比定されている。

崇神天皇は実在した可能性のある最初の天皇であるとも考えられていて、祭祀、軍事、内政において大和王朝の基盤を整えたとされる。天変地異や原因不明の疫病が流行し、崇神天皇が悩んでいると、夢にオオモノヌシが現れ、「意富多多泥古《オオタタネコ》に我が御魂を祭らせよ。そうすれば、国は平安になるだろう」と告げた。オオタタネコは活玉依毘売《イクタマヨリビメ》の末裔であることが分かった。

美しいイクタマヨリビメの元に夜になるとたいそう麗しい若者が訪ねて、二人はたちまち恋

に落ち姫は身ごもってしまった。姫の両親は素性のわからぬ若者を不審に思い、若者が訪ねてきたら、糸巻きの麻糸を針に通して若者の衣の裾に通すように教えた。翌朝になると糸は鍵穴を出ており、糸を辿ると三輪山にたどり着いた。それで、若者の正体がオオモノヌシであり、お腹の子が神の子であると知った。この時に糸巻きが三巻き（三勾）残っていたことに由来してこの地が三輪と言われるようになった。

崇神天皇が、オオモノヌシの子孫であるオオタタネコに三輪山で祭祀を行わせたところ、天変地異も疫病も治まった。『おおみわのたて路』の上に崇神天皇陵があるのも頷ける。

山辺道上陵《やまのべのみちのえのみささぎ》は奈良県天理市渋谷町にある古墳で、倭建命の父である第十二代景行天皇の陵として比定されている。

大神神社《おおみわじんじゃ》を中心に真北に景行天皇山辺道上陵、真東に斎宮、真西に大鳥神社を配しているのを知ると、ヤマトタケルの物語がより身近に感じられる。

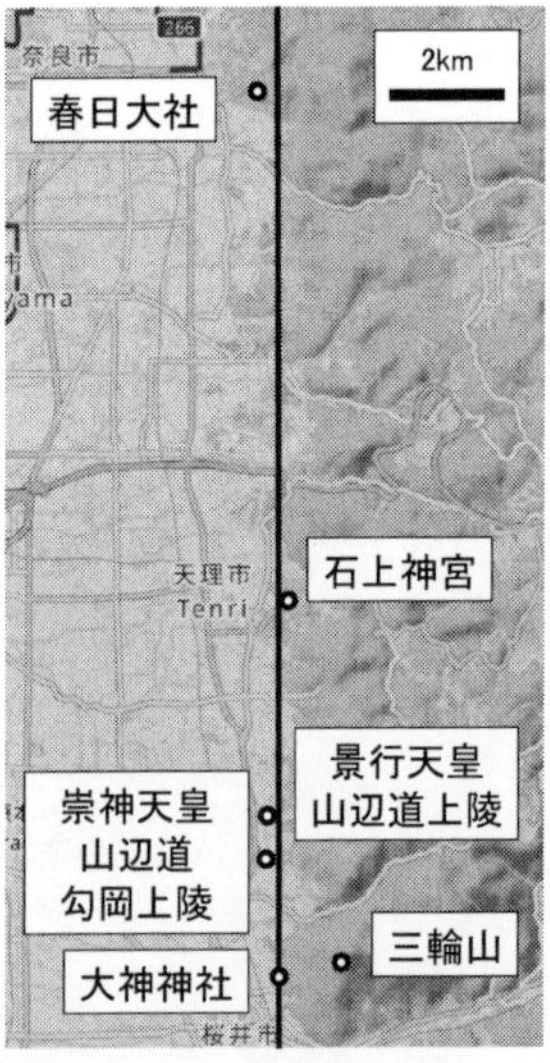

『おおみわのたて路』大神神社〜春日大社．©OpenStreetMap

二十九　『おおみわのたて路』〜石上神宮〜

さらに北へ上がっていくと、由緒ある神宮が現れてくる。

石上神宮：北緯34度35分53秒、東経１３５度51分07秒

石上神宮《いそのかみじんぐう》は、奈良県天理市布留町にある神社である。創建は崇神7年（紀元前91年）と伝承されていて、日本書紀では伊勢神宮、出雲大神宮と、この石上《いそのかみ》神宮のみが「神宮」と記載されていたのも先述した通りであり、古代より格式高い神宮なのである。

主祭神は神体の布都御魂剣《ふつのみたまのつるぎ》に宿る神霊である布都御魂大神《ふつのみたまのおおかみ》、天璽十種瑞宝《あまつしるしとくさのみづのたから》に宿る布留御魂大神《ふるのみたまのおおかみ》、天十握剣《あめのとつかのつるぎ》に宿る布都斯魂大神《ふつしみたまのおおかみ》である。先述した出石神社のように、神器が主祭神として祀られている[23]。

布都御魂剣《ふつのみたまのつるぎ》は神武天皇が九州の高千穂宮を出発し、船で海を渡り、大和に向い熊野で賊の毒気にあたって全軍が壊滅寸前の状態に陥った際に高天原《たかまがはら》から降ろされた一ふりの横刀《たち》である。この横刀《たち》のもつ不思議な力によって神武天皇の一行は蘇り、賊も退散。神武天皇は、無事に大

和を平定することができた。

天璽十種瑞宝は、饒速日命《ニギハヤノミコト》が、高天原《たかまがはら》より天降る時、天津神から授けられた十種類の神宝である。「瀛津鏡《おきつかがみ》、辺津鏡《へつかがみ》、八握剣《やつかのつるぎ》、生玉《いくたま》、足玉《たるたま》、死返玉《まかるがへしのたま》、道返玉《ちがへしのたま》、蛇比礼《へみのひれ》、蜂比礼《はちのひれ》、品物比礼《くさぐさのもののひれ》」の十種で、「亡くなられた人をも蘇らす」霊力を秘めている。

天十握剣は別名天羽々斬剣《あめのはばきりのつるぎ》、布都斯魂剣《ふつしみたまのつるぎ》ともいわれ、スサノオがヤマタノオロチを退治した際に用いた剣である。

石上《いそのかみ》神宮にはかつては本殿がなく、拝殿後方の禁足地を御本地と称し、その中央に主祭神が埋斎され、諸神は拝殿に配祀されていた。明治７年（１８７４年）菅政友大宮司が禁足地を発掘したところ、神体である布都斯魂剣《ふつしみたまのつるぎ》や曲玉などが見つかった。さらに、明治11年（１８７８年）の再発掘において布都御魂剣《ふつのみたまのつるぎ》が見つかった。神話が現実の世界とつながったのである。大正２年（１９１３年）に本殿が造営された。禁足地は現在も「布留社《ふるのやしろ》」と刻まれた剣先状石瑞垣で囲まれ、昔の佇まいを残している。

また、石上《いそのかみ》神宮に古来より伝わる伝世品として、七支刀《しちしとう》が有名である。両刃の剣の左右に三つずつの小枝を突出させたような特異な形状を示す。また、刀に刻まれた銘文より、太和４年（３６９年）にできたと比定する説や、日本書紀の神功皇后摂政52年（２５２年）に百済から献上されたとされる「七枝刀《ななつさやのたち》」にあたる説などがある。現在は国宝となっている。

三十　『おおみわのたて路』～春日大社～

石上《いそのかみ》神宮から北にあがっていくと、奈良市に至り、さらに北に行くと、現れるのが春日大社である。

春日大社御本殿：北緯34度40分54秒、東経１３５度50分55秒

春日大社は、奈良県奈良市春日野町にある神社であり、全国にある春日神社の総本社である。主祭神は、武甕槌命《タケミカヅチノミコト》、経津主命《フツヌシノミコト》、天児屋根命《アメノコヤネノミコト》、比売神《ヒメガミ》の四柱の総称である春日神《かすがのかみ》である。奈良時代の神護景雲２年（７６８年）に平城京の守護と国民の繁栄を祈願するために創建された[24]。

タケミカヅチはイザナギがカグツチを切り落とした際、十束剣「天之尾羽張《あめのおはばり》」の根元についた血が岩に飛び散って生まれた一柱である。「国譲り」の際に、アマテラスオオミカミの命により、高天原《たかまがはら》からアメノトリフネと共に葦原中つ国に向かい、出雲の伊耶佐小浜《いざさのおはま》に降り立った。そこで、十掬《とつか》の剣《つるぎ》を波の上に逆さに突き立てて、その切っ先の上に胡坐をかき、オオクニヌシに対

して国譲りの談判を行い、オオクニヌシの子のタケミナカタを諏訪まで追い詰めたのは先述した通りである。

フツヌシは古事記には記載がないが、日本書紀では「国譲り」の際にタケミカヅチを従えて葦原中つ国に降っていったとされている。

アメノコヤネは、「天の岩戸開き」の際に登場する。布刀玉命《フトダマノミコト》と共に、天の岩戸を少し開いて外の様子を垣間見たアマテラスオオミカミに八咫鏡をそっと差し出した。その後、「天孫降臨」の際には、ニニギノミコトと共に地上に降り立った。また、春日大社に祀られているヒメミコは、アメノコヤネの妻の天美津玉照比売命《アメノミツタマテルヒメノミコト》である。

藤原氏の守護神としてタケミカヅチは常陸国《ひたちのくに》鹿島の鹿島神宮に、フツヌシは利根川を挟んだ対岸にある下総国《しもうさのくに》香取の香取神宮にも祀られている。そして、藤原氏の祖神であるアメノコヤネ、ヒメミコを含んだ春日神として中臣氏・藤原氏の氏神となり春日神社に祀られている。

御神体は御蓋山《みかさやま》で春日山ともいわれ、神山として承和8年（841年）に狩猟伐木禁止の太政官符が朝廷より出されて以来、現在まで原生林として保たれている。神々の下で原生林の自然と「神鹿」を始めとする動物が共生している。

古来より天皇や上皇の崇敬が篤く、また藤原氏の氏神として関白・摂政を始めとする多くの貴族が参拝し、数多くの品々が奉納されてきた。これら平安時代に奉納された貴重な刀剣・甲冑・美術工芸品、本殿や社殿などが、国宝や重要文化財として指定されていて、春日大社は「平安の正倉院」とも呼称されている。ユネスコの世界遺産に「古都奈良の文化財」の一つとして登録されている。

以上述べてきたように、『おおみわのたて路』の上には、春日大社や石上《いそのかみ》神宮、大神神社《おおみわじんじゃ》といった神社があり、そこでは皇室を守る神々が祀られているのである。

『すめらぎの路』その二

三十一　『すめらぎの路』～平城京北の古墳群と神功皇后の物語～

それでは、『すめらぎの路』に戻ろう。すると、古墳群が見えてくる。

佐紀石塚山古墳（成務天皇狹城盾列池後陵）：北緯34度42分01秒、東経１３５度47分15秒
五社神古墳（神功皇后陵）：北緯34度42分23秒、東経１３５度47分07秒

景行天皇崩御後に即位したのが、倭建命《やまとたけるのみこと》の弟である第十三代成務天皇である。成務天皇は、日本で初めて行政区画を作った。兄である倭建命《やまとたけるのみこと》の第二子を皇太子と定めた。この太子が即位して第十四代仲哀天皇となり、仲哀天皇の后が神功皇后である。

神功皇后は、仲哀天皇の九州熊襲征伐に随伴した。仲哀天皇8年（１９９年）に天皇と共に筑紫橿日宮《かしいのみや》へ移動して神懸かりを行い、西に向かうように託宣を得たが、仲哀天皇は神を信じず南の熊襲を攻めたため敗北し、仲哀天皇9年（２００年）2月に橿日宮にて崩御した。

崩御後に、再び神懸かりを行い、その時は熊襲を征伐する事となり、3月末には九州が大和王権の支配下となった。

橿日宮に戻った神功皇后は、男装し、今度は海を渡り朝鮮半島の東半分の国である新羅を攻めた。攻め込んだ時には実は妊娠していたが、月延石を腹にあて、さらしをまいて腹を冷やし出産をおくらせた。新羅は戦わずして降伏し朝貢することになり、高句麗、百済も朝貢を約束した。

新羅から帰国して、誉田別尊《ホムタノスメラミコト》、後の応神天皇を出産した。この御子を太子とし、摂政として政事を執り行い、神功摂政69年（269年）に崩御した。

女性ながらに、当時の大和政権を率いていたのが神功皇后である。なお、魏志倭人伝で登場する卑弥呼が金印を魏の皇帝から拝受したのが、238年であり、この年は神功皇后摂政38年に当たる。神功皇后が卑弥呼である説とか、卑弥呼の後継者の壱与《いよ》である説とかがあるようであり、これらの説についてはここではこれ以上踏み込まないが、この時代は、日本で初めて女性が時代を引っ張っていた時代ではないだろうか。

三十二『すめらぎの路』〜平城京〜

古墳群をすぎると、平城京が見えてくる。といっても、今の奈良は、京都のような南北と東西の道が網目状に残っているわけではない。

平城京は和銅3年（710年）に第四十三代元明天皇によって、南の藤原京から遷都され、延暦3年（784年）に長岡京に遷都されるまで政治の中心であった。その後、平安京に遷都された後は南都と呼ばれるようになったが、九世紀末に第五十九代宇多天皇が上皇になり南都を訪れた際には、すでに農村と化していたとされる。

奈良といえば、『おおみわのたて路』で紹介した春日大社、また、大仏や正倉院で有名な東大寺、興福寺があり、これらの神社・寺院は近鉄奈良駅から徒歩圏内である。また、少し外れた西の方に唐招提寺、薬師寺がある。

明治時代に入り、奈良時代の大極殿の基壇が発掘されその場所が明らかとなり、平城京の発掘調査は現在も続いている。

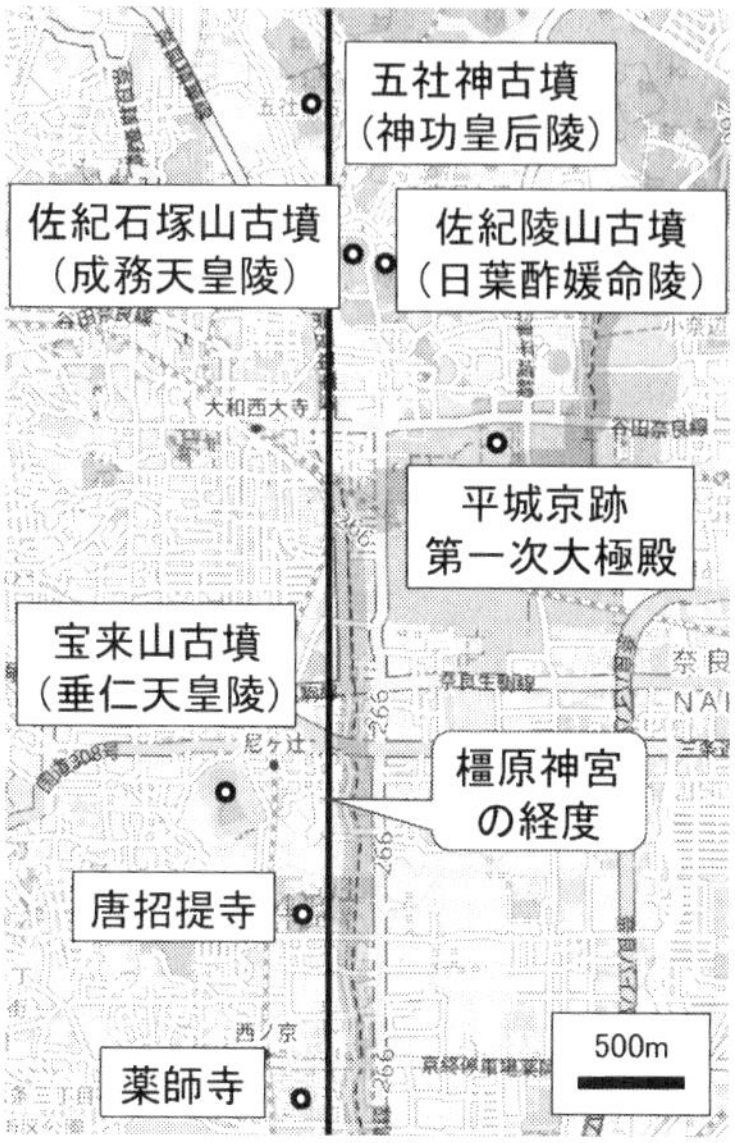

『すめらぎの路』五社神古墳～薬師寺.
©OpenStreetMap.

平城京跡第一次大極殿正殿：北緯34度41分38秒、東経１３５度47分39秒

この一帯が「国営平城宮跡歴史公園」として整備され、世界遺産「古都奈良の文化財」の構成資産の一つとされている。大極殿は平成22年（２０１０年）に、南門は令和4年（２０２２年）に復元された[25]。

このように、平城京の大極殿は『すめらぎの路』の上にあり、最初に建造されて、千四百年余りの時を経て再建されようとしている。

三十三 『すめらぎの路』〜唐招提寺〜

近鉄奈良駅から電車に乗り、近鉄西大寺駅で電車を乗り換えて南の方に行くと、唐招提寺、薬師寺に行くことができる。近鉄尼ヶ辻駅を降りてすぐ西に、先述した宝来山古墳（垂仁天皇菅原伏見東陵）があり、南に10分ほど歩き、線路を渡って東に行くと唐招提寺である。

唐招提寺　金堂：北緯34度40分32秒、東経135度47分05秒

唐招提寺は、奈良県奈良市五条町にあり、南都六宗の一つである律宗の総本山である。開基（創立者）は唐出身の僧である鑑真である[26]。

天宝元年（742年）、第九次遣唐使船で唐を訪れていた留学僧の栄叡《ようえい》、普照《ふしょう》は、朝廷の「伝戒の師」として鑑真を招請し、鑑真はこれを受けた。当時の航海は命懸けであった上に、唐から出国することは国禁を犯すことであったが、自ら渡日することを決意した。その後十二年間に五回の渡航を試みて失敗し、そのうえ次第に視力を失うこととなったが、天平勝宝5年（753年）、

六回目にして遂に日本の地を踏むこととなった。天平勝宝6年（756年）2月4日に平城京に到着して聖武上皇の歓待を受け、第四十六代孝謙天皇の勅により戒壇の設立と授戒について全面的に一任され、東大寺で数年過ごした。天平宝字3年（759年）、天武天皇第七皇子である新田部親王の旧宅跡を朝廷から下賜されて、戒律を学ぶ人たちのための修行の道場として開かれたのが唐招提寺である。多くの若者が『すめらぎの路』にある唐招提寺を訪れ、鑑真から講義を受けていた姿が思い浮かぶ。天平宝字7年（763年）唐招提寺において76歳でその生涯と閉じた。

弟子の忍基により鑑真の彫像が作られ、この鑑真和上像は、現在でも残っており、日本最古の肖像彫刻として国宝となっている。鑑真の命日である6月6日の開山忌前後である6月5−7日のみ公開されている。なお、この時には、日本を代表する画家である東山魁夷が描き奉納した「御影堂障壁画」も公開される。この作品は東山魁夷が十年を超える歳月をかけ、鑑真和上への讃仰と崇敬の念を込めて捧げられた大作であり、日本の理想的な自然、鑑真和上の祖国である中国の風景が描かれており、一見の価値はある。唐招提寺内には鑑真廟もある。そう、鑑真自身も『すめらぎの路』の上で眠っているのだ。

唐招提寺は奈良時代建立の金堂、講堂を始め、多くの国宝級の文化財を有し、平成10年（1998年）に古都奈良の文化財の一部として、世界遺産に登録されている。また、鑑真和上の業績と名声が、昭和53年（1978年）の日中平和友好条約の成立にも寄与したというのも驚きである。

三十四　『すめらぎの路』～薬師寺～

唐招提寺から、南に向かって十分ほど歩くと、左手に薬師寺の敷地があり、薬師寺玄奘三蔵院伽藍が見えてくる。

薬師寺玄奘三蔵院伽藍：北緯34度40分16秒、東経１３５度47分06秒

玄奘三蔵は、西遊記の三蔵法師のモデルとして有名であるが、中国唐代に活躍した実在の僧侶である。中国に未だ伝来していなかった経典を求め、27歳の時にインドに行き、十七年に及ぶ修行の末、経典や舍利、仏像を携え、６４５年にインドから唐に帰国した。その玄奘の弟子の慈恩大師基（窺基）が法相宗を開き、日本に伝来した。薬師寺は奈良県奈良市西ノ京町にある法相宗の大本山の寺院である。法相宗は南都六宗の一つである。なお、南都六宗のうち、東大寺が大本山の華厳宗、唐招提寺が大総山の律宗、そして薬師寺が大本山の法相宗と、これら三宗が現在も続いている。このような縁で、薬師寺の敷地内に、玄奘三蔵院伽藍が平成３年（１９９１年）に建立された。この伽藍中央の玄奘塔に玄奘三蔵の遺骨が納められている。昭

和17年（1942年）に中国南京で発見され、埼玉県さいたま市の慈恩寺に分骨された。この遺骨が、昭和56年（1981年）に薬師寺にさらに分骨され、玄奘塔の中に納められているのである[27]。玄奘三蔵も、中国から遠く離れた『すめらぎの路』の上で眠っているのである。

玄奘三蔵院伽藍の中には、二十世紀最後の日である平成12年（2000年）12月31日に平山郁夫により奉納された大唐西域壁画がある。大唐西域記は玄奘三蔵が記した旅行記であるが、この本を元にして平山郁夫が実際に現地を訪れ玄奘三蔵の十七年の旅を追体験し約二十年を制作に費やした大作であり、常時公開されている。

薬師寺金堂：北緯34度40分06秒、東経135度47分03秒

薬師寺の開基は第四〇代天武天皇で、后である鸕野讃良《ウノノサララ》皇后の病気平癒を祈願して建立が発願された。創建は天武天皇9年（680年）である。天武天皇は完成する前に崩御したが、ウノノサクラは後に持統天皇として第四十一代天皇に即位した。その後、火災や戦国時代の戦禍により、多くの建物が焼失したが、唯一、東塔が奈良時代にさかのぼる建造物として残存し、現在では国宝となっている。また、金堂に安置される薬師寺の本尊である薬師三尊像をはじめ国宝級の文化財を有している。平成10年（1998年）に古都奈良の文化財の一部として、世界遺産に登録された。

三十五　『すめらぎの路』～神武天皇畝傍山東北陵周囲の古墳群～

さらに南にいくと、畝傍《うねび》山を取り囲むように、初代天皇から第四代天皇の陵墓があり、橿原《かしはら》神宮が鎮座している。

綏靖天皇桃花鳥田丘上陵：北緯34度30分02秒、東経135度47分23秒
神武天皇畝傍山東北陵：北緯34度29分51秒、東経135度47分17秒
安寧天皇畝傍山西南御陰井上陵：北緯34度29分25秒、東経135度46分39秒
懿徳天皇畝傍山南繊沙渓上陵：北緯34度29分21秒、東経135度46分55秒

神武天皇はアマテラスオオミカミから数えて五代目の子孫である（12ページ参照）。アマテラスオオミカミの孫であるニニギノミコトが、高天原《たかまがはら》から高千穂峰に天降り（天孫降臨）、山の神オオヤマツミの娘コノハナノサクヤビメと結婚し、産まれた御子神が山幸彦のホオリノミコトである。ホオリノミコトは、海の神ワタツミの娘トヨタマビメと結婚し、ウガヤフキアエズノミコトを授かった。ウガヤフキアエズノミコトはトヨタマビメの妹であるタマヨリビメに

育てられ、そのままタマヨリビメを妻に迎えて四柱の御子神を授かった。その末の御子神が、神倭伊波礼毘古命《カムヤマトイワレビコノミコト》、後の神武天皇である。このように、天孫降臨から三代かけて、山の神、海の神の血統を取り入れて、天、山、海のすべてを治める存在となったのである。

カムヤマトイワレビコノミコトは、庚午年1月1日に末弟として生誕した。次男の稲氷命《イナイノミコト》は妣国（母の国）である海原へ入り、新羅王の祖とも伝えられている。三男の御毛沼命《ミケイリノミコト》は常世国に行った。残った長男の五瀬命《イツセノミコト》とともに、日向の高千穂から、葦原中つ国を平定するため東へ向かった。「神武東征」の始まりである。

まず、豊国の宇佐（大分県宇佐市）に着き、そこから、筑紫国《つくしのくに》の岡田宮（福岡県北九州市）で一年、阿岐国《あきのくに》の多祁理宮《たけりのみや》（広島県安芸郡府中町）で七年、吉備国《きびのくに》の高島宮（岡山県岡山市）で八年過ごした。ここまでは、神の子孫として大切にされ、順調に進んでいった。

さらに東へ進み、速吸門（明石海峡）まで来た。潮の流れは速かったが、亀に乗った国津神である槁根津日子《サオネツヒコ》に会い、航路の先導者となってもらった。サオネツヒコはその後も神武天皇に仕え、神武東征で重要な役割を果たし、神武天皇の即位後には倭国造《やまとのくにのみやつこ》（後の大和国《やまとのくに》）に任命された。

速吸門から浪速之渡《なみはやのわたり》を過ぎ、浪速国の白肩津《しらかたのつ》に停泊したところ、登美能那賀須泥毘古《トミノナガスネビコ》の軍勢が待ち構えていた。運悪く、ナガスネビコの放った矢がイツセノミコトに当たってしまった。イツセノミコトは、「我々は天神の子、日の神の子である。だが、太陽の方向、つまり東に向かって戦うのが良くなかった。そこで、回り込んで太陽を背にし、西に向かって進んで戦おう」と言った。南へ向かったが、イツセノミコトは紀国の男之水門《おのみなと》に着いた所で亡くなってしまった。

男之水門は、和歌山県和歌山市小野町の水門吹上神社が比定地とされている。

潮岬を回って、さらに南に向かい、熊野から上陸して、そこから山に向かっていったが、その時大熊が現れた。大熊はすぐに消えたが、大熊の毒気によりカムヤマトイワレビコノミコトを含めた兵士全員が気を失ってしまった。

この時、夢で別天津神《ことあまつかみ》の一柱であるタカミムズビからの神託を受けた高倉下《タカクラジ》が一振りの太刀を持ってきた。タカクラジはタカミムズビから「タケミカヅチが以前所有し国譲りの際に使った太刀を倉に落とすから天神御子《あまつかみのみこ》に渡すように」と言われ、目が覚めて倉に行くと、本当に太刀があったので持ってきたという。カムヤマトイワレビコノミコトは目を覚まし、その太刀を譲り受け、一振りすると、大熊の毒気はなくなり、兵士達も目を覚ました。この太刀は布都御魂剣《ふつのみたまのつるぎ》と呼ばれ、現在では、先述した石上《いそのかみ》神宮で主祭神として祀られている。

さらに、タカミムズビから、先導するための三本足の八咫烏《ヤタガラス》を遣わされた。八咫烏は現在では日本サッカー協会のシンボルマークとして利用され、日本代表のユニフォームのエンブレムにも使われているので、なじみがあろう。

熊野から吉野を通り、行く先々で人々を服従させていったが、大和の宇陀には、兄の兄宇迦斯《エウカシ》と弟の弟宇迦斯《オトウカシ》がいた。まずカムヤマトイワレビコノミコトは八咫烏を遣わして、服従の是非を訊ねさせたが、エウカシは鳴鏑を射て追い返してしまい、戦いの準備をした。しかし、兵士がなかなか集まらなかったので、カムヤマトイワレビコノミコトへ偽りの服従を行った。そして、床を踏むと上から天井が落ちてきて圧死させる仕掛けの館を作り、そこで宴会を開くとみせかけ、ここに導くように謀った。一方、弟のオトウカシは恐れ多いと思い、そのことをカムヤマトイワレビコノミコトに伝えた。カムヤマトイワレビコノミコトは、宴会のために館に入ろうとした時にエウカシを先にその館に入れるようにせまり、エウカシを圧死させた。

その後も抵抗する人々を次々に服従させていき、最後は、イツセノミコトの仇であるナガスネビコと戦い、これを従わせた。そして、畝傍《うねび》の白檮原宮《かしはらぐう》（現在の橿原《かしはら》神宮の地）でカムヤマトイワレビコノミコトは神武天皇として即位した。

即位に先立ち、初代天皇にふさわしい正妃を迎えることになった。父親が大物主神、母親が摂津国三島の豪族の娘であった勢夜陀多良比売《セヤダタラヒメ》の間の娘である、比売多多良伊須気余理比売《ヒメタタライスケヨリヒメ》を初代皇后として迎えた。日本書紀では、媛蹈鞴五十鈴媛《ヒメタタライスズヒメ》として記されており、橿原《かしはら》神宮でもこちらの名前で主祭神として祀られている。
ヒメタタライスケヨリヒメは、その後、三人の子供をもうけた。127歳で崩御した神武天皇の死後、第三皇子が第二代綏靖天皇として即位した。その後、第三代安寧天皇、第四代懿徳天皇と続く。この第二代綏靖天皇から第九代開化天皇まで、全員が父親から息子への直系継承の形をとっているが、系譜以外の情報はほとんど記載されておらず、『欠史八代』と名づけられている。

その存在については、ほとんどが創作であり、欠史八代の天皇が実在した可能性は学術的にはほぼ無いとされる。イザナギ・イザナミの国生みの物語はもちろんのこと、この周囲の古墳群で眠っている天皇まで、すべてが創作かもしれないが、このような話が古代から現在にまで語り継がれ、それを人々が信仰の対象としていて我々の体に知らず知らずの間にしみ込んでいる事実が貴重なことであると思う。

『すめらぎの路』橿原神宮の周辺.
©OpenStreetMap.

三十六　『ほぼすめらぎの路』〜熊野本宮大社〜

このまま『すめらぎの路』を南に行ってみよう。奈良盆地を越えて紀伊山地に入っていく。ひたすら山を超えて南を目指すと、忽然と現れるのが熊野本宮大社である。

熊野本宮大社：北緯33度50分26秒、東経１３５度46分25秒
熊野本宮大社大鳥居：北緯33度50分10秒、東経１３５度46分35秒

熊野本宮大社は、和歌山県田辺市本宮町本宮にあり、熊野川の中州に鎮座している。主祭神は家都美御子大神《ケツミミコノオオカミ》であり、スサノオの別名ともいわれる。創建は崇神天皇65年（紀元前33年）である。初めて熊野本宮大社を訪れた時に、この立派な神社が、なぜ広い山々の中でこの地に建てられたのかと不思議に思ったが、太古の人々は、ほぼ『すめらぎの路』の上に神社を鎮座させたのかもしれない。

また、この「ほぼ」というところが実は重要な意味を表しているかもしれない。『すめらぎの路』にぎりぎり含まれている八坂神社を紹介したが、経度はこの熊野本宮大社に近い。そして、主

祭神は素戔嗚尊《スサノオノミコト》であり、熊野本宮大社と同じなのである。スサノオは皇統にはつながっておらず、『ほぼすめらぎの路』に位置しているのだろうか。

平安時代の末期には鳥羽上皇、後白河法皇、後鳥羽上皇などが幾度も山深いこの地までわざわざ足を運び参拝にきたとのことだ。また、熊野本宮大社では三本足の八咫烏が、神使として、熊野大神に仕える存在として信仰されている。日本サッカー協会のシンボルマークでもあり、多くのサッカー関係者が必勝祈願に訪れている。

平成12年（2000年）に、鉄筋コンクリート造の日本一高い大鳥居（高さ33．9m、横42m）が建てられた。この大鳥居も南北の方角を向いて建てられている。この鳥居は『すめらぎの路』の西の端から5秒しか離れておらず、この鳥居も『すめらぎの路』を指し示しているのである。

三十七　『むなかたのよこ路』〜宗像大社〜

熊野本宮大社が、紀伊山地の奥深い山の中にあるにも関わらず、『すめらぎの路』のほぼ上に作られていたが、それでは、なぜ、この場所が選ばれたのであろうか。そこで、少しよこみちにそれて、熊野本宮大社のある北緯33度50分に何か史跡がないか探してみることにした。すると、先日世界遺産に登録された宗像大社辺津宮にぶつかった。

宗像大社辺津宮：北緯33度49分56秒、東経１３０度31分07秒

宗像大社《むなかたたいしゃ》は福岡県宗像市に在る神社で、日本各地に七千余ある宗像神社、広島の厳島神社、および宗像三女神を祀る神社の総本社である。裏伊勢とも称され、平成29年（２０１７年）に「神宿る島」宗像・沖ノ島と関連遺産群として世界文化遺産に登録された。

母のイザナミが亡くなり、父のイザナギの怒りをかってしまったスサノオが高天原《たかまがはら》から追放されてしまったのは先ほど述べた通りである。その後、スサノオはアマテラスオオミカミに挨

拶に行き、天の安河を挟んで誓約《うけひ》が行われた。アマテラスがスサノオの持つ十握剣《とつかのつるぎ》を譲り受けて、その剣を噛んで吹き出した霧から生まれた宗像三女神《むなかたさんじょしん》である。スサノオの持ち物から生まれたので、スサノオの子だとされている。なお、この時に、アマテラスオオミカミの持つ勾玉を受け取ったスサノオがそれをかみ砕くと五皇子が出てきた。その第一神である天之忍穂耳命《アメノオシホミミノミコト》は、天孫降臨のニニギノミコトの父である。

宗像三女神は田心姫神《タゴリヒメノカミ》、湍津姫神《タギツヒメノカミ》、市杵島姫神《イチキシマヒメノカミ》であり、それぞれが、沖津宮《おきつぐう》、中津宮《なかつぐう》、辺津宮《へつぐう》の主祭神となっている。宗像大社を参拝しようとした際に、まず、九州本土にある辺津宮《へつぐう》に行くことになろう。中津宮《なかつぐう》はそこから船でも使って11km離れた大島に鎮座している。沖津宮はそこからさらに49km離れた沖ノ島に鎮座しており、神職以外は渡島できない[28]。

「神宿る島」といわれる沖ノ島には、四世紀後半から九世紀末にかけて行われた朝鮮半島および中国大陸の諸国間の活発な

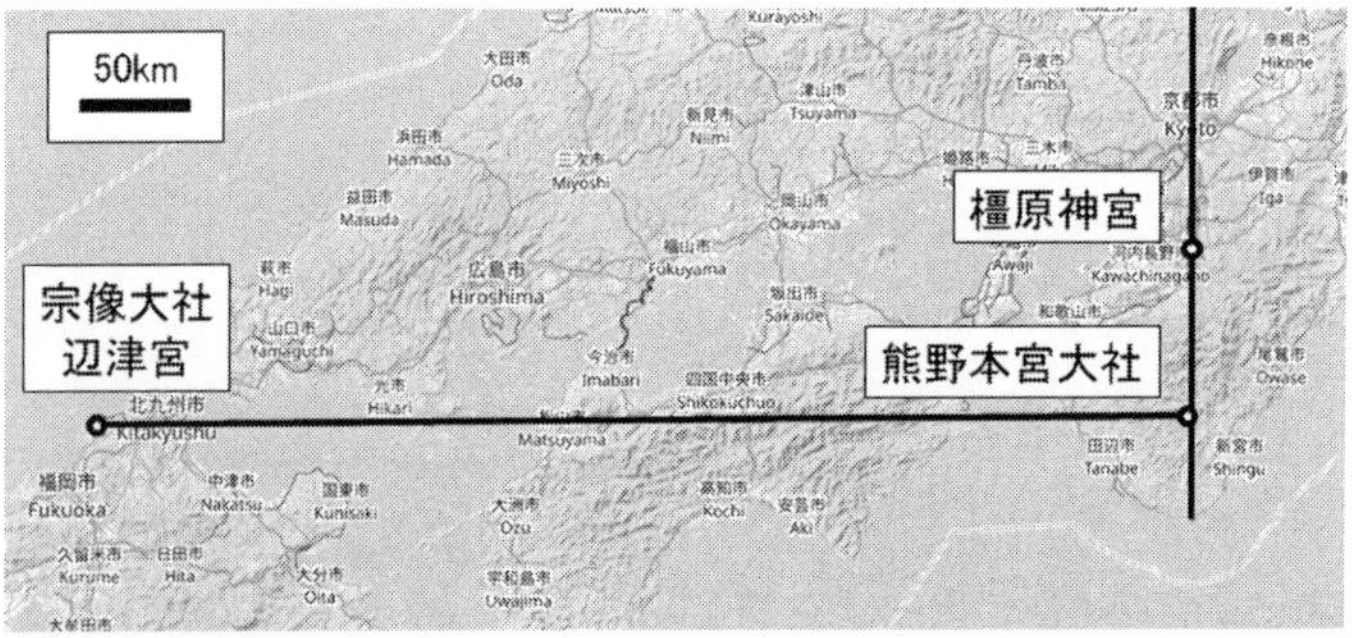

『すめらぎの路』と『むなかたのよこ路』熊野本宮大社〜宗像大社辺津宮．
©OpenStreetMap

交流に伴った、航海安全に関わる古代祭祀遺跡が残されている。沖ノ島は島そのものが御神体とされ、それゆえ島では厳しい禁忌があり、それが現在に至るまで厳格に守られてきた。その禁忌の一つに「一木一草一石たりとも持ち出してはならない」というものがあり、そのため、沖ノ島の古代祭祀遺跡はほぼ手つかずの状態で守られてきた。昭和29年（１９５４年）から昭和46年（１９７１年）に至る第一次～第三次の発掘調査における出土品が国宝に指定され、約八万点に及ぶ一括遺物の国宝としては、数量の上で日本一である。

内宮（伊勢の神宮）に祀られているアマテラスオオミカミが熊野本宮大社に祀られているスサノオの剣をもらって、息を吹きかけて生まれ宗像三女神が、熊野本宮大社と同じ緯度を吹かれた息にのって飛ばされて福岡の宗像大社のある場所にたどり着き、今ではその地で祀られているのである。こんな風に考えると楽しくないだろうか。そこで、この北緯33度50分を、『むなかたのよこ路』と名付けてみた。名前があるほうが、愛着がわくというものだ。

宗像三女神は絶世の美女とされ、宗像大神《むなかたのおおかみ》、道主貴《みちぬしのむち》とも呼ばれ、あらゆる「道」の最高神として、また航海の安全や交通安全などを祈願する神様として崇敬を集めている。なお、「道主貴」の「貴《むち》」の字が入る神は貴い神とされている。この字が入る神は、アマテラスオオミカミの別名である「大日孁貴神《オオヒルメノムチノカミ》」、オオクニヌシの若い頃の名である「大己貴命《オオナムチノミコト》」など数えるほどであり、宗像三女神がいかに貴い神と考えられていたかがわかる。

三十八　『すめらぎの路』〜本州最南端〜

『すめらぎの路』をさらに南に進んでいくと、串本町に入り、とうとう潮岬にまで到達した。ということは、『すめらぎの路』は、実は、丁度本州最南端を通っていたという事になる。潮岬の中でも、本当の本州最南端は潮岬の西側であり、『すめらぎの路』は東側を通っているが、大きい本州を考えると誤差範囲である。

ここで、潮岬の東側の小学校の名前が興味深い。

串本町立出雲小学校：北緯33度26分57秒、東経１３５度47分20秒

なんと、こんな本州の最南端で「出雲」の地名がでてくるのだ！実は、これから出雲大社を紹介するつもりで、どうやって『すめらぎの路』から出雲につなげようかと思案していた時に、「出雲」の地名をみつけたので驚いたというわけである。

なぜ、この地が出雲といわれるようになったのかは不明であるが、出雲国一宮として出雲大

社と熊野大社の二つがあって、海側に出雲大社、山側に熊野大社があるのと同じように、『すめらぎの路』の海側に出雲の名を持つ地があり、山側にむかうと熊野本宮大社があるというのは単なる偶然であろうか。

『すめらぎの路』本州南端潮岬の周辺の地図 . ©OpenStreetMap.

第六章

『だいこくのよこ路』

三十九　『ほぼだいこくのよこ路』〜熊野大社・大神山神社〜

それでは、紀伊の出雲から、出雲の国にいってみよう。先述した出雲大社であるが、『陽の道しるべ』に示すように、伊弉諾《いざなぎ》神宮から夏至の日の入りの方角に位置されている。

出雲大社（本殿）：北緯35度24分08秒、東経１３２度41分06秒

出雲大社の主祭神である大国主大神《オオクニヌシノオオカミ》の物語は、「因幡《いなば》の白兎」が有名であるが、その物語の舞台の多くは、出雲大社より東の地である。そこで、出雲大社の緯度である北緯35度24分08秒を中心に０．５分（30秒）の幅をもたした、北緯35度23分38秒から北緯35度24分38秒の東西の緯度の幅を『だいこくのよこ路《みち》』と名付けた。

東に向かいまず目につくのが、島根県松江市八雲町熊野に創建されたもう一つの出雲国《いづものくに》一宮である熊野大社だ。先にも述べたが、主祭神は加夫呂伎熊野大神櫛御気野命《カブロギクマノオオカミクシミケヌノミコト》であり、この神の名はスサノオの別名であるとされる。創建は神代である。日本書紀には「出雲國造をして厳神の宮を作らしむ」との記載がある。延喜式神名帳では出雲国《いづものくに》意宇郡に「熊野坐神社名神大」と

記載され、名神大社に列している。

熊野大社：北緯35度22分24秒、東経133度04分13秒

『だいこくのよこ路』から北緯で1分44秒、3km強離れているので、『ほぼだいこくのよこ路』といったところか。地図で見ると、熊野大社は出雲大社のほぼ真横にあるようにみえる。

『神遂』により高天原《たかまがはら》から葦原中つ国に下り、出雲に行きヤマタノオロチを退治したあとで、クシナダヒメと一緒になったスサノオは出雲の根之堅洲国《ねのかたすくに》にある須賀《すが》の地に宮殿を建て、そこに留まった。熊野大社から直線距離で南西4kmほどの場所に、須賀の地の宮殿の跡に創建されたと伝えられている須我神社があるので、スサノオはこの周辺で過ごしていたのであろう。

オオクニヌシはスサノオの六代目の子孫である。オオクニヌシはもともとは大穴牟遅神《オオナムチノカミ》あるいは先述のように大己貴命《おおなむちのみこと》という名前であったが、スサノオの娘である須勢理毘売《スセリビメ》に一目惚れした。スサノオから与えられた様々な試練を乗り越え、生大刀《いくたち》、生弓矢《いくゆみや》、天詔琴《あめのむこと》というスサノオの神器を持ってスセリビメと共に逃げ出した。その際に、スサノオはオオナムチに大国主神

の名を与え、スセリビメを正妻とすることを認め、この国を平定し、立派な宮殿を建てるよう告げた。

さらに東にいくと、中国地方の最高峰である大山に至るが、この大山の中にも神社がある。

大神山神社 奥宮：北緯35度23分19秒、東経１３２度32分19秒

大神山神社《おおがみやまじんじゃ》は、鳥取県にある神社である。伯耆国《ほうきのくに》二宮であり、伯耆大山山麓（米子市）に本社が、大山山腹（西伯郡大山町）に奥宮がある。主祭神は大己貴命《オオナムチノミコト》であり、オオクニヌシの若きころの名で祀られているのも何かの意味があるのであろうか。創建・開創は出雲風土記、延喜式などに記載があるものの不明とされている。『だいこくのよこ路』から北緯で19秒、約５７０ｍ程度離れているので、これも『ほぼだいこくのよこ路』である。

四十　『ほぼだいこくのよこ路』〜売沼神社と因幡の白兎〜

大山から東にいくと、同じ鳥取県内にあるのが売沼神社《めぬまじんじゃ》だ。

売沼神社：北緯35度23分23秒、東経１３４度11分32秒

売沼神社は鳥取県鳥取市河原町に鎮座する。主祭神は稲羽八上比売命《イナバヤカミヒメノミコト》であり、ヤガミヒミはオオクニヌシの妻の一柱である。延喜式神名帳に「八上郡賣沼神社」とある神社であるので、その時にはすでに創建されていたと考えられる。

オオクニヌシの若い頃の名前であるオオナムチが古事記に初めて登場する場面において、オオナムチは兄弟の神々である八十神《ヤソガミ》、つまり多くの兄神達から嫌われていた。兄神達は、ヤガミヒメに求婚したいと思い稲羽に出掛けた。オオナムジは大きな袋を持たされて、家来のように兄神達の後をついていった。途中に泣いている菟《うさぎ》がいたので、泣いている理由を聞いた。菟は隠岐の島から本土に渡ろうと思ったが、渡る手段がなかった。そこで、和邇《うさぎ》を欺いて、

和邇を島から本土まで並べさせて、その上を踏んで数えるふりをしながら渡ってきた。向こう岸がすぐそこまでのところまで辿り着き今にも地に下りようとした時に、最後の和邇《わに》に騙したことを伝えてしまった。すると最後の和邇《わに》にたちまち捕えられてすっかり白い毛を剥がれてしまった。痛くて泣き憂いていたところ、兄神達に出会ったものの、海水を浴びて山の上に行って強風にあたると良いという嘘の方法を教えられ、それに従ったところ、余計に痛くなったということだ。

かわいそうに思ったオオナムジは莵《うさぎ》に水門へ行って真水で体を洗い、蒲の穂を敷いて転がるようにと教えた。その教え通りにすると、今度は、莵《うさぎ》の体は白い毛が生えてきてすっかりと元通りになった。そこで、莵《うさぎ》は「ヤガミヒメは、きっと優しいあなた（オオナムジ）の妻になりたいと言われる。」と予言したところ、ヤガミヒメは兄神達を選ばず、莵の予言通り、オオナムジの妻になった。

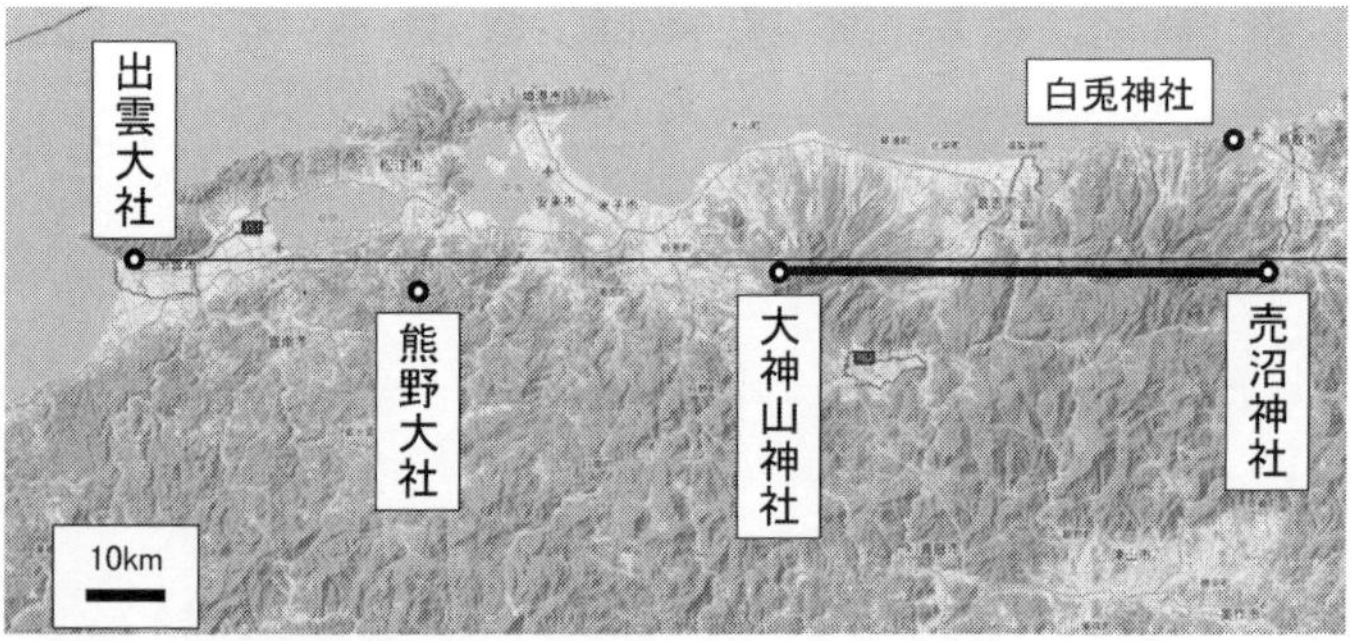

『だいこくのよこ路（細線）』と『ほぼだいこくのよこ路（太線）』大神山神社〜売沼神社 . ©OpenStreetMap.

その後、オオナムジは与えられたオオクニヌシの名に変えた。出雲国《いづものくに》を平定後に宮殿をたてオオクニヌシはヤガミヒメを宮殿に迎え入れた。しかし、スサノオの娘で後から正妻となったスセリビメの嫉妬を恐れたヤガミヒメは生まれたばかりの子を木の俣に挟んで因幡国《いなばのくに》へ帰ってしまった。

これが「因幡《いなば》の白兎」の物語である。この白兎は、今では白兎神として、『だいこくのよこ路』にある売沼神社からやや北西の白兎海岸沿いに創建された白兎神社で主祭神として祀られている。この物語が、日本最古の書物である古事記に記載されており、そして、古事記の中で治療について初めて描かれた場面である。そのため、日本の医療、動物医療の発祥の地と云われ、古来、皮膚病に霊験あらたかな神社とされてきた。

また、この白兎がオオクニヌシとヤガミヒメの縁を取り持ったわけだが、これも日本で初めて縁結びについて描かれた場面である。そのため、日本で初めてのラブストーリーの発祥地として、2010年に「恋人の聖地」に認定され、白兎は縁結び神様として祀られている。こうして、日本全国だけでなく世界からも多くの方が参拝している[32]。

出雲大社の緯度である北緯35度34分08秒からわずかに離れているので『ほぼだいこくのよこ

路』としたが、大神山神社の緯度とはほぼ同じである。さらに、売沼神社の脇を流れる曳田川《ひきたがわ》

の対岸にある柳瀬山にはヤガミヒメの墓といわれる嶽《だけ》古墳がある。宮殿からこの地に帰り、オ

オクニヌシがオオナムジと名乗っていたころの事を思いながらひっそりとここで暮らしたのか

もしれない。そのため、オオクニヌシが祀られている出雲大社と同じ緯度である『だいこくの

よこ路』ではなく、オオクニヌシという名が与えられる前の「ほぼオオクニヌシ」であったオ

オナムジが祀られている大神山神社と同じ緯度である『ほぼだいこくのよこ路』の上で、ヤガ

ミヒメはひっそりと眠っているのだろう。

四十一 『だいこくのよこ路』～豊受大神社（元伊勢外宮）～

そこからさらに東に行くと、鳥取県、兵庫県の山々を越えていくが、これといった史跡はない。京都府に入ったところに忽然と神社の印がでてきて、その名前をみると、豊受大神社（元伊勢外宮）とある。

豊受大神社（元伊勢外宮）：北緯35度24分20秒、東経１３５度09分11秒

豊受大神社《とゆけだいじんじゃ》は、京都府福知山市大江町天田内にある神社であり、創建は雄略天皇22年（４７８年）である。主祭神は豊受姫命《トヨウケビメノミコト》で、イザナミから生まれたワクムスヒの子である。神名の「ウケ」は食物のことであり、伊勢の皇大神宮（内宮）のアマテラスオオミカミの食事を司る御饌都神《みけつかみ》であり、衣食住、産業の守り神、食物・穀物を司る女神である。

第二十一代雄略天皇の夢枕にアマテラスオオミカミが現れ、「自分一人では食事が安らかにできないので、丹波国の比治《ひじ》の真奈井《まない》にいる御饌の神、等由気太神《トユケオオカミ》を近くに呼び寄せなさい」との夢託を蒙った。そして、御饌都神《みけつかみ》として雄略天皇22年（４７８年）に伊勢へ遷座する途中

で当神社の地にしばらく鎮座し、その跡地に建立したのが豊受大神社であるといわれている。

何故、アマテラスオオミカミがトヨウケビメを指名したのか、未だにこれといって腑に落ちる説はない。しかし、この物語にとってトヨウケビメは、『おおくにぬしのよこ路』のうえにあった豊受大神社（元伊勢外宮）、と『すめらぎの路』の起点となっている橿原《かしはら》神宮が創建される以前からあった長山稲荷社と、その神社と同じ緯度にある伊勢の豊受大神宮（外宮）をつなぐ、重要な神の一柱である。

四十二　『だいこくのよこ路』〜伊夫岐神社〜

『だいこくのよこ路』をさらに東に行くと伊吹山があり、その麓に神社がある。

伊夫岐神社：北緯35度24分11秒、東経１３６度22分37秒

伊夫岐神社は滋賀県米原市伊吹にある神社である。主祭神は伊富岐大神であり、伊吹山の神である。伊吹山の神といえば、東国平定を終えたヤマトタケルが尾張国《おわりのくに》でミヤズヒメと結婚し、伊吹山に向かった際に、大きな白い猪となって現れ、雹をふらし、ヤマトタケルを失神させ病の身とさせた神である。

伊吹山には滋賀県側の伊夫岐神社だけでなく、東の岐阜県側にも伊富岐神社がある。岐阜県不破郡垂井町にある神社でこちらは美濃国《みののくに》二宮の神社である。東側の伊富岐神社は『だいこくのよこ路』から少し外れた場所に位置するが、山の東西の麓にそれぞれ祀られているのである。

四十三　『だいこくのよこ路』～見延山東照宮～

濃尾平野を越え東に進むと、東照宮の文字が見えてきた。

見延山久遠寺東照宮：北緯35度24分02秒、東経１３８度25分17秒

見延山久遠寺は、山梨県南巨摩郡身延町にある日蓮宗の総本山（祖山）である。日蓮宗は法華宗とも称され、鎌倉時代中期に日蓮によって開かれた。この久遠寺には日蓮の廟墓がある。久遠寺からロープウェイで見延山にあがり、その山の奥に、見延山東照宮がある。東照宮とは、東照大権現となった徳川家康を祀る神社である。

元和２年４月17日（１６１６年６月１日）、家康は駿府城で死去した。家康の遺言により、柩は久能山に運ばれ、家康を祀るために、同年12月（翌１６１７年１月）に久能山に東照社が創建された。朝廷は翌元和３年２月21日（１６１７年３月28日）、神社としての東照社に「東照大権現」の神号を宣下するとともに正一位を贈位、さらに、家康本人に対しても同年３月９日（４月14日）正一位を贈位し、家康は神格化された。正保２年（１６４５年）に宮号の宣下

があり、東照大権現は東照宮と称するようになった。

　家康はもともと浄土宗徒である。家康の先祖の松平家の菩提寺である大樹寺は浄土宗の寺院であり、また、戦の時には浄土教の観点より書かれた往生要集の中に記載のある「旗厭離穢土《おんりえど》欣求浄土《ごんぐじょうど》」という言葉が書かれた旗印を掲げていた。

　家康の側室の一人である養珠院は、紀州徳川家の祖である徳川頼宣および水戸徳川家の祖である徳川頼房の生母であり、お万の方と呼ばれていた。お万の方は日蓮宗を信仰していたため、家康の死後、見延山久遠寺で法華経一万部読誦の大法要を催した。そして、見延山東照宮は、寛永13年（1636年）に建立された。身延町のホームページ[30]によると、木造平屋二間の一間半で、屋根は板葺きである。正面に見る彫刻は精巧さが素晴らしいが傷みが激しいとのことだ。

　関東を開いた家康にとっては、死しても関東を守る必要があると考え、駿府のある久能山東照宮と、関東平野の北に位置する日光東照宮に鎮座したとされている。一方、お万の方の意向で、日蓮宗総本山である見延山久遠寺の境内にも関わらず、神格化された家康が祀られた。この東照宮が、『だいこくのよこ路』の上に鎮座しているのは単なる偶然であろうか。

　なお、東照宮といえば、やはり、日光東照宮である。日光東照宮の表参道を南に延長していくと、創建当時の寛永寺根本中堂につながるそうだ。寛永寺の創建は寛永2年（1625年）

であり、その敷地は今では上野公園となっており、当時の寛永寺根本中堂はその池の中である。

日光東照宮：北緯36度45分15秒、東経１３９度36分00秒

寛永寺根本中堂跡（旧本堂）：北緯35度43分00秒、東経１３９度46分30秒

経度が違うので、本当に続いているのかと疑った。実際には日光東照宮の参道は完全に南北でなく、その南北の方向から少し傾いている。そこで、寛永寺根本中堂跡から日光東照宮の参道まで直線を引いてみた。すると、その直線は参道の傾きとほぼ一致しているではないか！日光東照宮から１１７㎞も離れ、その間に山々などがあるのに、どのようにして参道の傾きと二つの神社仏閣の位置の方向を合わすことができたのであろうか。この事実は、江戸時代前半にこのような技術を有していたことを後世に伝えてくれている。

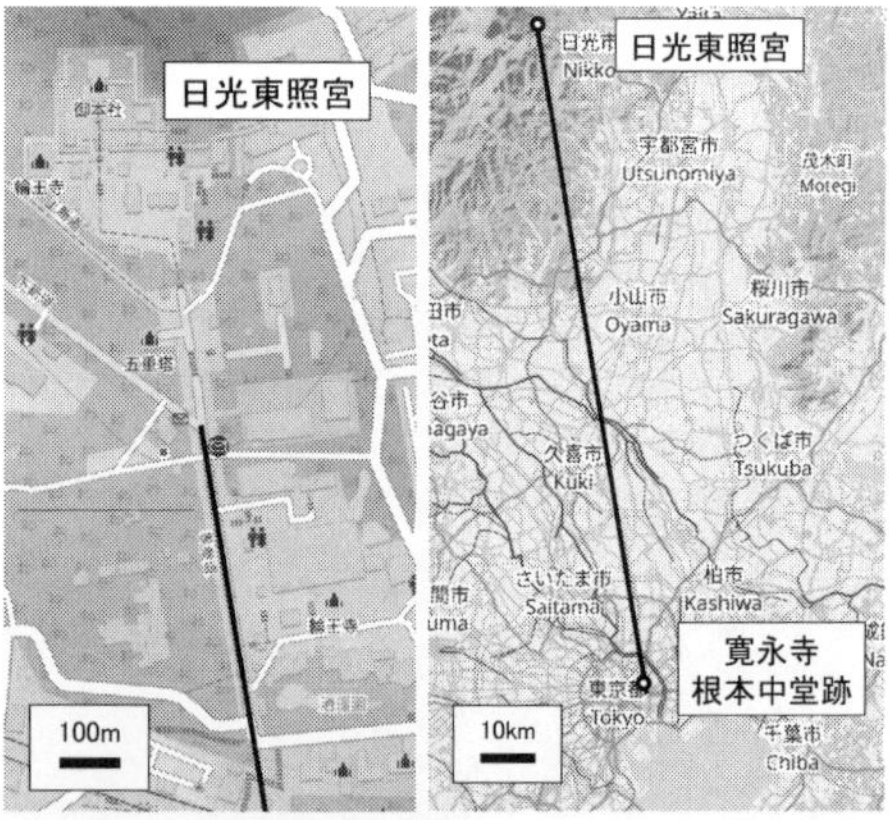

（左）日光東照宮参道の傾き．（右）日光東照宮～寛永寺根本中堂の傾き．©OpenStreetMap.

四十四　『だいこくのよこ路』～富士御室浅間神社～

『だいこくのよこ路』をさらに東にいってみよう。すると、すぐに富士山頂が『だいこくのよこ路』の南にみえてくるが、さらに進むと富士山中最古の神社とされる富士御室浅間神社《ふじおむろせんげんじんじゃ》 奥宮（旧本宮）が鎮座しているのである。この広大な富士山において、『おおくにのよこ路』の上に神社が、つまり出雲大社と同じ緯度のこの地に鎮座しているのも、単なる偶然であるとは思えない。

富士御室浅間神社奥宮（旧本宮）：北緯35度24分03秒、東経１３８度45分20秒

日本の象徴として広く知られている富士山であるが、太古の人々も同様であり、富士山を神格化した浅間大神または、この木花之佐久夜毘売命《コノハナノサクヤビメノミコト》を祀るようになった。浅間は「火山」を意味するとされていて、富士山麓をはじめとしてその山容が眺められる地に多数の浅間神社が鎮座するようになった。

その中で、富士山南麓の静岡県富士宮市に鎮座する富士山本宮浅間大社が総本宮であり、駿河国《するがのくに》一宮でもある。創建は垂仁天皇３年（紀元前２７年）とされているので太古よりある神

社である。また、富士山頂には富士山本宮浅間大社の奥宮が鎮座しているが、山頂の宗教的施設は平安時代に末代上人が最初に建立したとされている。

一方、『だいこくのよこ路』の上にある富士御室浅間神社奥宮（旧本宮）は、文武天皇3年（699年）に藤原義忠によって創建されたとされている。富士山山中の神社としては、最初に勧請された神社である。現在の本宮は昭和48年（1973年）に、富士山中から、山梨県南都留郡富士河口湖の湖畔に移された。「富士山-信仰の対象と芸術の源泉」の構成資産の一部として世界文化遺産に登録されている。

コノハナノサクヤビメは、大山津見神《オオヤマツミノカミ》の娘である。オオヤマツミはイザナギとイザナミが「国生み」の後の「神生み」の際に生まれた神である。コノハナノサクヤビメは「天孫降臨」で降りてきたニニギノミコトに出会い、求婚された。

オオヤマツミは娘が天津神の御子であるニニギノミコトと結婚することを大変喜び、コノハナノサクヤビメだけではなく、さらに、その姉の石長比売《イワナガビメ》も共にニニギノミコトに差し出した。しかし、ニニギノミコトは見た目の美しいコノハナノサ

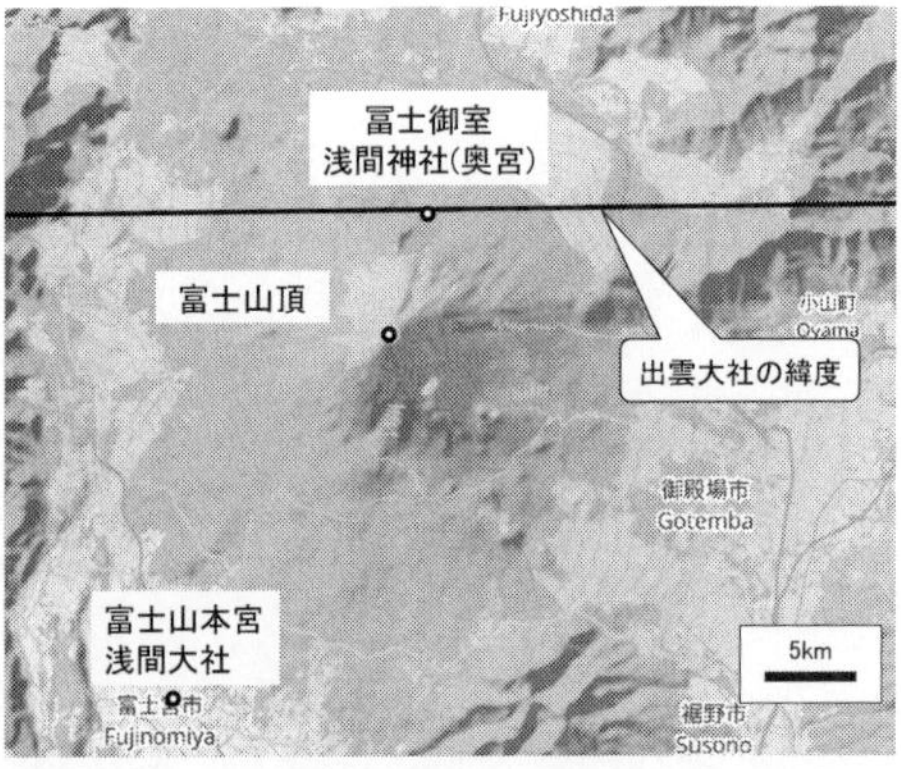

『だいこくのよこ道』富士御室浅間神社奥宮と富士山本宮浅間大社 . ©OpenStreetMap.

クヤビメだけと結婚し、醜いイワナガビメを実家に返した。オオヤマツミは大変怒った。というのも、二人を差し出したのは、イワナガビメを妻にすれば、石のような永遠の命を、コノハナノサクヤビメを妻にすれば、花が咲き誇るように繁栄するように誓約をたてていたからである。オオヤマツミは「コノハナノサクヤビメだけを妻とすれば、天津神でありながら、その子孫の命は木の花のようにはかなくなるだろう」とニニギノミコトに告げた。そのため、その子孫である皇室は、神の子孫でありながら、死を迎える、つまり寿命を持つことになったのである。

　コノハナノサクヤビメはニニギノミコトと結婚し、一夜を共にしたが、すぐに身ごもった。そのため、ニニギノミコトはお腹の子が自分以外の子供ではないのかと疑った。その疑いを晴らすため、コノハナノサクヤビメは「この子供が天津神の本当の子供であれば、何があっても無事に産まれてくるはず」と誓約をたてた。そして出入り口の無い産屋をたてて、内側から土壁を塗って火を放った。燃え盛る産屋の中でコノハナノサクヤビメは無事に三柱の御子神を産んだ。火が盛んに燃えた時に産まれた御子神が火照命《ホデリノミコト》で海幸彦として知られている。火が弱くなった時に産まれた御子神が火須勢理命《ホスセリノミコト》、火が消えた時に産まれた御子神が火遠理命《ホオリノミコト》で、山幸彦と知られており、初代天皇である神武天皇の祖父に当たる。

　このように、燃え盛る炎のなかで出産した神話から、火山である富士山にある浅間神社でコノハナノサクヤビメを主祭神として祀るようになったと考えられている。

四十五　『ほぼだいこくのよこ路』～寒川神社と玉前神社～

富士山を抜けると関東平野に至るが、そこで現れるのが寒川神社だ。

寒川神社：北緯35度22分45秒、東経139度22分59秒

寒川神社は、神奈川県高座郡寒川町宮山に鎮座する神社で、相模国《さがみのくに》一宮である。相模川の河口から7㎞ほど遡った低い台地に鎮座するが、古代には相模湾がこの辺りまで入り込んでいたと思われている。創建は不明であるが、日本総国風土記によると、雄略天皇の御代（457年～479年）に幣帛を奉納せられたとのことなので、豊受大神社（元伊勢外宮）の創建と同じ時期である。主祭神は、寒川比古命《サムカワヒコノミコト》と寒川比女命《サムカワヒメノミコト》の二柱であり、併せて寒川大明神と称されている。古事記、日本書紀には登場しないので詳細は不明であるが、寒川比古命と寒川比女命は伊勢の皇大神宮（内宮）の末社である牟弥乃《むみの》神社にも主祭神として祀られている。

寒川大明神は相模国《さがみのくに》を中心に広く関東地方の開拓や、衣食住など人間生活の根源を開発指導し、関東地方文化の生みの親神様として敬仰されてきた[31]。関東地方における著名な神社の一

つであり、正月三が日の初詣の参拝者数は約四十二万人と、神奈川県内では鎌倉市の鶴岡八幡宮に次いで二番目に多い。

『だいこくのよこ路』をさらに東に行き、東京湾を抜け、房総半島まできて九十九里浜の手前に、玉前神社《たまさき》が現れてきた。

玉前神社：北緯35度22分34秒、東経１４０度21分38秒

玉前神社《たまさきじんじゃ》は、千葉県長生郡一宮町一宮にある神社であり、上総国《かずさのくに》一宮である。創建は不詳とされているが、延喜式神名帳では名神大社としてその名を列せられている。主祭神は玉依姫命《タマヨリヒメノミコト》である。

タマヨリビメは、海神・大綿津見神《オオワタツミノカミ》の娘である。姉のトヨタマビメがウカヤフキアエズノミコトを出産する姿を夫のホオリノミコトに覗かれたため海に帰ってしまった。タマヨリビメは替わって地上にきてウカヤフキアエズノミコトを育てた後に、成人したこの御子神と結婚した。その後、四人の御子を産み、四男が後の神武天皇となる。

『だいこくのよこ路』の最東端で海神の娘のタマヨリビメを祀る玉前神社、『陽の道しるべ』

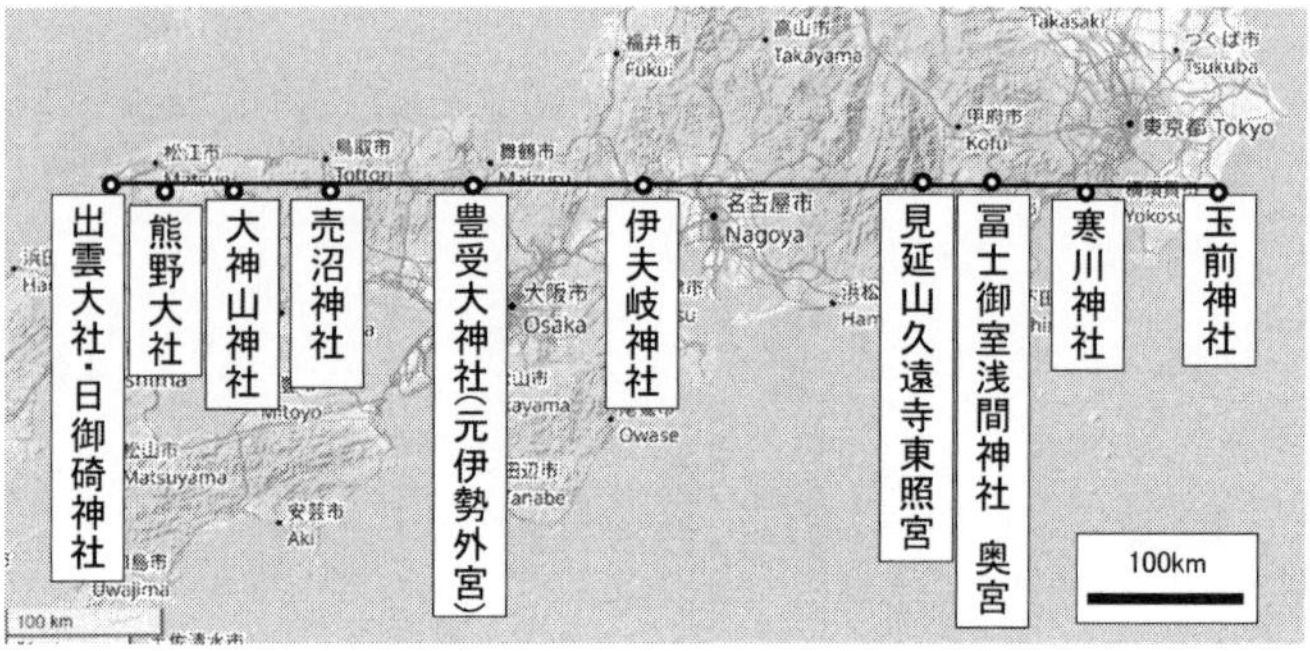

『だいこくのよこ路』出雲大社～玉前神社 . ©OpenStreetMap.

の最西端で同じく海神の娘トヨタマビメを祀る海神《わたつみ》神社を配し、さらには富士山には、山神の娘であるコノハナノサクヤビメを祀る富士御室浅間神社奥宮を鎮座させ、海神・山神の血統がアマテラスオオミカミから連なる皇統につながる物語を作った太古の人々に驚くばかりである。

第七章

『伊勢の陽の道しるべ』

四十六　『伊勢の陽の道しるべ』～冬至の日の入りの方角～

では、コノハナノサクヤビメの夫であるニニギノミコト、そしてタマヨリビメの夫であるウカヤフキアエズノミコトはどこに祀られているのであろうか。さらに、ニニギノミコトの子であり、ウカヤフキアエズノミコトの父でもあり、また、山幸彦として知られるホオリノミコトも、どこに祀られているのだろうか。

調べてみると、ニニギノミコトは鹿児島の霧島神宮に、ホオリノミコトは鹿児島神宮に、ウカヤフキアエズノミコトは宮崎県の鵜戸神宮に、それぞれ主祭神として祀られていた。さすが、皇室につながる「日向三代」と言われる神々である。すべて、「神宮」の社格を持つ神社であり、南九州の地で祀られていた。

霧島神宮の位置をじっと見ているとあることに気付いた。伊弉諾《いざなぎ》神宮を中心とした『陽の道しるべ』での冬至の日の入りの方角の直線と高千穂神社はかなり離れていたが、伊勢の皇大神宮（内宮）から見たら冬至の日の入りの方角に霧島神宮があるのではないのかと思われた。そこで、皇大神宮からその方角に線を引いてみた。すると、予想通り、その方角には霧島神宮、さらに鹿児島神宮もその線の近くに鎮座していたのだ。そこで、伊弉諾《いざなぎ》神宮を中心とした『陽の道しるべ』にならって、伊勢の皇大神宮（内宮）を中心にした『伊勢の陽の道しるべ』と名付けた。

霧島神宮：北緯31度51分31秒、東経130度52分17秒

『伊勢の陽の道しるべ』日の出日の入時刻方角マップ改編 . ©OpenStreetMap.

霧島神宮は、鹿児島県霧島市霧島田口にある神社であり、宮崎県と鹿児島県の県境に位置する火山である高千穂峰の南西の麓にある。創建は、六世紀前半の第二十九代欽明天皇の時代と言われている。延喜式にも日向国《ひゅうがのくに》諸県郡霧島神社と記されている。主祭神は天饒石国饒石天津日高彦火瓊瓊杵尊《アメニギシクニニギシアマツヒコホノニニギノミコト》、つまりニニギノミコトである[32]

「天孫降臨」の物語を宮崎県の高千穂神社のところで述べたが、古事記には「筑紫の日向の高千穂」と書かれている。「国生み」では九州島は「筑紫島」とされているので、九州の

日向国《ひゅうがのくに》にある高千穂と解釈するのが妥当であると思われる。しかし、日向国には、宮崎県高千穂町にある高千穂峡と宮崎と鹿児島の県境である高千穂峰と二つの高千穂の名がつく地名がある。どちらも神秘的な場所であり、その場所を同定するのは議論の余地があるだろう。

伊勢神宮からの冬至の日の入りの方角に引いた線の上を、霧島神宮からさらに先にいくと鹿児島神宮がある。

鹿児島神宮：北緯31度45分13秒、東経130度44分16秒

鹿児島神宮は、鹿児島県霧島市隼人町内にある神社で大隅国《おおすみのくに》一宮である。創祀は遠く神代にあって、神武天皇の御代とも伝えられている。明治7年（1874年）に神宮号宣下された。

主祭神は天津日高彦火火出見尊《アマツヒダカヒコホホデミノミコト》と

『伊勢の陽の道しるべ』鹿児島神宮．日の出日の入時刻方角マップ改編．©OpenStreetMap.

豊玉比売命《トヨタマビメノミコト》とある。つまりホオリノミコトとトヨタマビメだ。山幸彦であるホオリノミコトはこの地に高千穂宮を営み、５８０有余歳の長寿に亘って農耕・畜産・漁猟の道を開拓し国家の基礎をつくられた[33]。

この『伊勢の陽の道しるべ』から少し離れるが、日向灘に沿った宮崎県の南に鎮座するのが鵜戸神宮である。

鵜戸神宮：北緯31度39分02秒、東経１３１度28分00秒

鵜戸神宮は、宮崎県日南市にある神社である。創建は、第十代崇神天皇の御代と伝えられている。第五十代桓武天皇の延暦元年には、天台宗の僧である光喜坊快久が、勅命によって当山初代別当となり、神殿を再興し、同時に寺院を建立して、「鵜戸山大権現吾平山仁王護国寺」となった。しかし、明治維新後の神仏分離令により、別当寺院の仁王護国寺を廃し、明治７年（１８７４年）に「神宮号」が宣下された[34]。

主祭神は日子波瀲武鸕鷀草葺不合尊《ヒコナギサタケウガヤフキアエズノミコト》であり、主祭神の産殿の址と伝えられる自然の神秘な洞窟の中に本殿が鎮座する。

本殿前には、ウカヤフキアエズノミコトの母であるトヨタマビメが綿津見宮《わたつみのみや》から来訪する際に乗った亀だとされる「霊石亀石」がある。

本殿裏にある乳房に似た二つの突起は「お乳岩」といわれ、トヨタマビメが綿津見宮へ去る時、御子の育児のために乳房をくっつけたものと伝えられている。この「お乳岩」から滴り落ちる水でつくった飴を母乳がわりにして、ウカヤフキアエズノミコトが育ったといわれている。現在の「おちちあめ」も「お乳岩」から滴る「お乳水」でつくられている。昭和中期には、お乳岩やおちちあめの伝承から、鵜戸神宮は新婚旅行先として絶大な人気を集めた。

「天孫降臨」のニニギノミコト、「海幸山幸」のホオリノミコトは詳しく古事記に記載されている。一方、ウカヤフキアエズノミコトは産まれた時の物語は古事記の中で描かれているが、その後は描かれていない。そのため、『伊勢の陽の道しるべ』からは少し離れているのだろうか。

四十七　『伊勢の陽の道しるべ』〜夏至の日の出の方角〜

　それでは、伊勢の皇大神宮（内宮）から見た冬至の日の入りの方角とは反対側の方角である夏至の日の出の方角に向かってみよう。すると富士山頂のすぐ北側を通り、さらに進むと、富士御室浅間神社奥宮（旧本宮）のすぐ近くを通っているのである。この主祭神は、先述したようにコノハナノサクヤビメ、ニニギノミコトの妻である。

　主祭神がアマテラスオオミカミである伊勢の皇大神宮を中心に考えると、その入り口には、冬至に日の出の太陽が丁度真ん中を通る方角に鳥居がたっており、冬至の日の入りの方角にはアマテラスオオミカミの孫であるニニギノミコトが主祭神の霧島神宮、ひ孫のホオリノミコトとその妻トヨタマビメが主祭神の鹿児島神宮が鎮座し、一方、夏至の日の出の方角にはニニギノミコトの妻であるコノハナノサクヤビメが主祭神である富士御室浅間神社奥宮（旧本宮）が鎮座している。さらには、春分・秋分の日の入りの方向には、『陽の道しるべ』にあるように淡路国一宮の伊弉諾《いざなぎ》神宮、対馬国《つしまのくに》一宮の海神《わたつみ》神社が鎮座しているのである。

　この神社の配置、鳥居の配置もただの偶然とは思えない。これまで明らかにしてきた『陽の道しるべ』『伊勢の陽の道しるべ』にある神社の配置を考えると、この当時に、ある地点から冬至・

夏至の日の出の方角を正確に把握し、その先に施設を作る技術があったことは間違いない。

　また、我が国においても、古代の人々が太陽の運行を大切に思っていたのは、太陽の神であり、読んで字の如くであるアマテラスオオミカミこそが日本神道の主神であることから間違いないだろう。そして、『伊勢の陽の道しるべ』の中心である皇大神宮（内宮）の主祭神であるアマテラスオオミカミが皇祖神として存在し、皇室につながり、現代の日本の人々につながってくるのである。

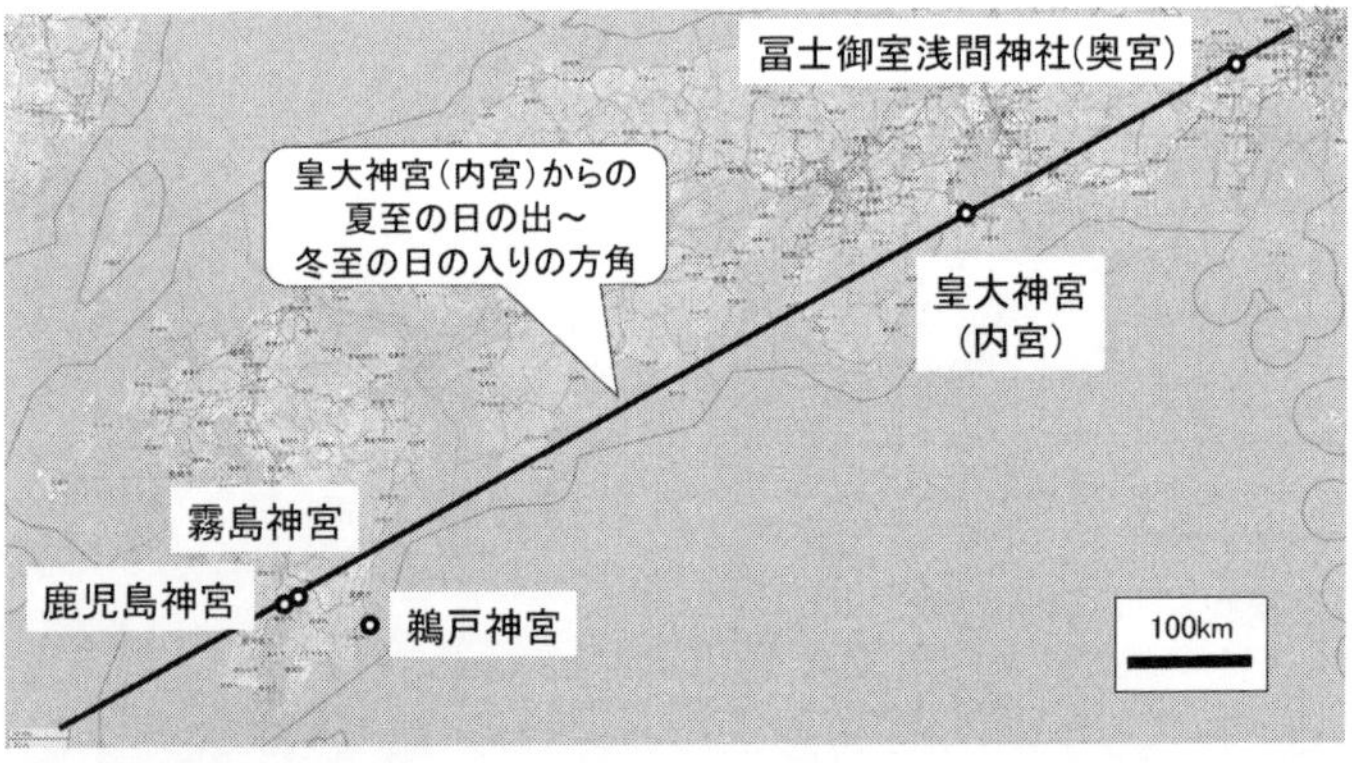

『伊勢の陽の道しるべ』冨士御室浅間神社～霧島神宮・鹿児島神宮の地図．日の出日の入時刻方角マップ改編．©OpenStreetMap.

第八章

『すめらぎの路』その三

四十八　『すめらぎの路』〜若狭彦神社・若狭神宮寺〜

また話が少し逸れてしまったが、『だいこくのよこ路』は、日本海から太平洋にいたる路であった。それでは、『すめらぎの路』の平安神宮から北はどうなっているのであろうか。京都市を越えて北にいき、福井県小浜市に入ると、寺院や神社があらわれてくる。

若狭彦神社上社：北緯35度27分58秒、東経１３５度46分43秒
若狭彦神社下社（若狭姫神社）：北緯35度28分44秒、東経１３５度46分49秒

若狭彦神社は、福井県小浜市にある神社で、若狭国《わかさのくに》一宮である。創建は和銅7年（７１４年）であるので、古事記が編纂された二年後である。上社の主祭神は彦火火出見尊《ヒコホホデミノミコト》とあるが、山幸彦、つまりホオリノミコトである。下社の創建は養老5年（７２１年）と上社よりもやや新しく、主祭神はホオリノミコトの妻である豊玉姫《トヨタマビメ》である。そのため、下社は若狭姫神社ともいわれている。上社と下社の主祭神をあわせて地元では「遠敷《おにゅう》明神」とも呼ばれている。中世には上社が若狭国一宮、下社が二宮とされており、この神社の中心はホオリノミコトである。

なお、トヨタマビメは、対馬国《つしまのくに》一宮の海神《わたつみ》神社の主祭神でもある。しかし、トヨタマビメが海神《わたつみ》神社の主祭神になったのは明治になってからであり、若狭姫神社の方が古く元祖といえよう。

ホオリノミコトが主祭神の神宮は、大隅国《おおすみのくに》一宮である鹿児島神宮があるが、皇室につながるホオリノミコトを『すめらぎの路』の上にも祀り、畿内を皇室の先祖に守ってもらおうとしていたのかもしれない。また、若狭彦神社のすぐそばには、興味深い寺院がある。

若狭神宮寺：北緯35度27分35秒、東経１３５度46分59秒

『すめらぎの路』にあって、橿原《かしはら》神宮、平安神宮に続き神宮の名がはいっているが、神社ではなく、天台宗の寺院である。日本に仏教が伝来して以来、神仏習合思想に基づき、神社に附属して建てられた仏教寺院や仏堂のこと神宮寺という。神宮寺という呼び方のほかに、このような寺院を別当寺、神護寺、神願寺、神供寺、神宮院、宮寺、神宮禅院ともいうが、橿原《かしはら》神宮から続く『すめらぎの路』のうえにあるので、将来、橿原《かしはら》神宮や平安神宮が同じ経度にくることを見越してあえて神宮寺と名付けたのではないかと疑いたくなるほどだ。創建は若狭彦神社と同じ和銅7年（７１４年）とされ、泰澄大師の弟子沙門滑元により開創されたと伝わる。

北緯を見ると、若狭神宮寺と『だいこくのよこ路』と3分ほどしか違わないので、もう少し

南に創建されていれば、『すめらぎの路』と『だいこくのよこ路』の交差点として重要な神社になっていたかもしれない。ただ、その交差点はあまりに山深く、神社をたてる場所などなさそうだ。しかし、少し南の山の中に向かって進むと、若狭神宮寺にとって大事な場所がある。

鵜ノ瀬：北緯35度26分52秒、東経１３５度47分29秒

若狭神宮寺からさらに南にいった所にある鵜の瀬は福井県小浜市に流れる遠敷川《おにゅうがわ》の中流に位置する淵であり、奈良東大寺の二月堂の若狭井に通じているとされている。若狭彦神社の神事として「お水送り」が知られる。

当地の伝承では、東大寺の二月堂を建立した高僧実忠が、大仏開眼の二ヶ月前から祈りを捧げていて、法会で全国の神名帳に記した一万三千七百余座の神々の名を読み上げ祈念した。その時、遠敷《おにゅう》明神は魚釣りに忙しかったため参集に遅刻してしまったのである。遅参のお詫びとして、遠敷《おにゅう》明神は二月堂の本尊である十一面観音にお供えの閼伽水《あかみず》を送ると約束し、地面をたたき割ると、白と黒二羽の鵜が飛び出して二月堂に清水が湧き出した。

この時二月堂に現れた二羽の鵜は、若狭の鵜の瀬から地下を潜って、東大寺まで水を導いたと言われていて、旧暦二月には、鵜の瀬で二月堂に水を送る「お水送り神事」が行われている。

その水が十日間かけて、地下を通って流れ、その水を受けとる祭事が東大寺二月堂の修二会《しゅにえ》の法会で行われている「お水取り」である。

二羽の鵜は若狭の鵜ノ瀬から、『すめらぎの路』の下を南にまっすぐに地下水路をほって、奈良の東大寺まで水が流れるようにしたのかもしれない。

四十九　『すめらぎの路』〜北緯34度29分、東経１３５度47分の神秘〜

　このように、『だいこくのよこ路』は出雲大社からつながるよこみちであった。また、『陽の道しるべ』では海神神社《わたつみ》（対馬国一宮《つしまのくに》）－伊弉諾神宮《いざなぎ》－伊勢皇大神宮（内宮）という北緯34度27分の緯度上であった。さらに橿原《かしはら》神宮と伊勢豊受大神宮（外宮）が北緯34度29分の経度の上にあった。この経度を『かしはらのよこ路』と呼ぶとしよう。

　それでは、何故、『かしはらのよこ路』がこの緯度になったのかを考えてみた。地図をみていると、『すめらぎの路』の上にある陸地の丁度真ん中に橿原《かしはら》神宮があるようだ。そこで、実際に橿原《かしはら》神宮のある東経１３５度47分10秒の最北端と最南端の緯度を調べてみた。

橿原神宮：北緯34度29分18秒、東経１３５度47分10秒
東経１３５度47分10秒最北端：北緯35度32分04秒、東経１３５度47分10秒
東経１３５度47分10秒最南端：北緯33度26分18秒、東経１３５度47分10秒
最北端と最南端の中間点：北緯34度29分11秒

なんということだろう！橿原《かしはら》神宮と7秒の差、つまり約２００ｍしか変わらない。これもただの偶然であろうか！橿原《かしはら》神宮が、伊弉諾《いざなぎ》神宮と伊勢皇大神宮の中間点でさらにその地点の経度の最北端と最南端の中間点に鎮座しているのはただの偶然であろうか！これこそまさに神秘であるとしか言いようがない。

このことに気付いてから、一刻も早く、橿原《かしはら》神宮に行ってみたいという衝動にかられ、橿原《かしはら》神宮に行くことにした。大阪から向かうには、ＪＲ環状線か地下鉄御堂筋線で天王寺に行き、そこで近鉄阿倍野駅を始発とする近鉄南大阪線・吉野線にのって橿原《かしはら》神宮前駅まで向かった。なお、京都からは橿原《かしはら》神宮まで直通の近鉄特急もある。

平日であり、また、橿原《かしはら》神宮で祭典や行事がない日であるせいか、駅に降り立つと参拝者もそれほどいない。七五三の時期で、着飾ったかわいらしい子供と親御さんを数組みかけたが、十組程度の参拝者とすれ違った程度であった。

もっとも、初詣の時期には奈良県内では春日大社についで二番目に多い参拝者が訪れて賑わっている。毎年2月11日の建国記念日に最も重要な行事として、紀元際が勅使参向のもと厳粛に執り行われる。また神武天皇が崩御されたといわれる毎年4月３日に神武天皇祭が、五穀豊穣をお祝いし感謝する祭典として毎年11月23日に新嘗祭が行われる。

駅を降りて、少しさびれた通りを歩くと、立派な大鳥居が見えてくる。この大鳥居は色を塗らずに木の地肌や風合いをそのまま生かした素木造《しらきづく》りである。一般的に、ご祭神が「天皇」もしくは「天皇や天照大神の系譜」の神社の場合に素木造りの鳥居が採用される。伊勢神宮の鳥居も素木造りである。令和元年（２０１９年）に改修工事が終了したので、まだ新しい色合いが残っている。

大鳥居の真ん前に立つと、まっすぐと整備された白い砂利の先にも大鳥居がある。厳かな雰囲気があり、心が引き締まってくる。奥の突き当りまで歩くと、右に曲がれば本殿、左に曲がれば長山稲荷社である。先に長山稲荷社にいくとしよう。

長山稲荷社の御祭神は宇迦能御魂神《ウカノミタマノカミ》・豊受気神《トヨウケノカミ》・大宮能売神《オオミヤノメカミ》である。さながら、伏見稲荷神社の超小型版といった赤い鳥居のトンネルを少しくぐると、小さなお社がある。ここに、古くから豊受大神宮（外宮）と同じ神様であるトヨウケノカミが祀られていたのである。

元に戻って右に曲がり、南神門をくぐると参拝所である橿原《かしはら》神宮の外拝殿だ。この地に立つと、ここが、北緯34度29分、東経１３５度47分、伊弉諾《いざなぎ》神宮と伊勢の神宮のちょうど中間で、その地点の経度の最北端と最南端の中間点か、と感慨深くなる。そして、何か太古の日本の中心にいるような不思議な高揚感に包まれる。

外拝殿は入母屋造《いりもやづくり》で、広がっていくような屋根の形は神武天皇が初代天皇となったときに示した「八紘為宇」の建国精神を表している。八紘為宇とは、「八紘を掩《おお》ひて宇《いえ》にせむ」、すなわち「全世界を一つの家のようにする」という意味である。戦前に、「八紘一宇」として、第二次世界大戦中、日本が中国や東南アジアへ侵攻することを正当化するスローガンとして用いられたので、この四字熟語を忌み嫌う年配の方も多くいるかもしれない。しかし、日本書紀によると、神武天皇が言ったと伝えられる表記は次の通りである。

「上則答乾霊授国之徳、下則弘皇孫養正之心。然後、兼六合以開都、掩八紘而為宇、不亦可乎」
(上は則ち乾霊の国を授けたまいし徳に答え、下は則ち皇孫の正を養うの心を弘め、然る後、六合を兼ねて以て都を開き、八紘を掩いて宇と為さん事、亦可からずや。)
——日本書紀巻第三・神武天皇即位前紀己未年三月丁卯条の「令」

徳に答え、皇孫の正を養って都をひらき、全世界を一つにするという、この言葉の意図は、決して武力をもって併合するのでなく、平和的に全世界を一つにするというものであったことがわかる。第二次世界大戦中のスローガンである「八紘為宇」は、ある情報が切り取られ都合よく用いられたという良い例であり、神武天皇の意図とは異なっているは明らかである。まさに現時点において、この「八紘為宇」の精神で世界平和が達成できればと切に願う。

橿原《かしはら》神宮の参拝所である外拝殿から歩いて十五分程度のところに神武天皇御陵がある。橿原《かしはら》神宮の北の鳥居を出て道沿いに北にしばらく歩くと、神武天皇御陵への入り口だ。白い砂利の道を鳥のさえずりを聞きながら歩いていくのはとても気持ちが良い。伊勢神宮や橿原《かしはら》神宮などに比べ訪れる人が少ないのか、だれにも会わずに神武天皇御陵にたどり着いた。御陵の前にも素木造りの鳥居があり、その場で方角を確かめると、この鳥居も真北を向いている。この鳥居の遠い先が、そして、この鳥居の真後ろに続く先が『すめらぎの路』なのである。

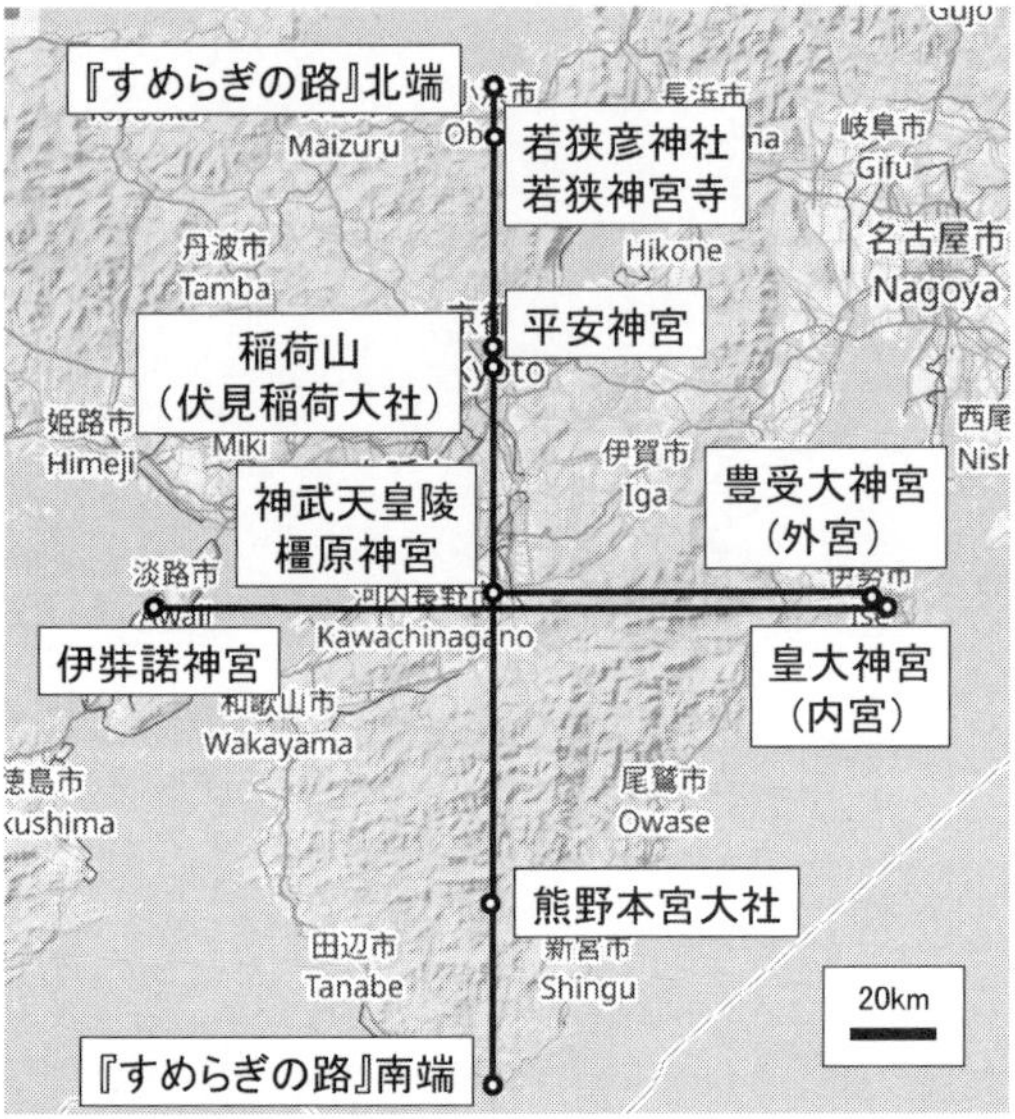

『すめらぎの路』にまつわる神社の配置.
©OpenStreetMap.

第九章

エピローグ

神武天皇が即位し、お眠りになっている場所を軸にした『すめらぎの路』という南北の線を日本人が太古から現代まで、知らず知らずのうちに大事にしてきた事実がわかった。この事実は、なぜ、京都で神社や廟が東山に固まっているのか、なぜ、唐招提寺や薬師寺が少し離れた場所に南北に並んでいて、いままで続いているのか、なぜ、和歌山の山奥にポツンと熊野本宮大社がその地にあるのかというヒントになるかもしれない。

これらの出来事は単なる偶然であろうか。もし、私が大和政権の最高権力者であり、精密な日本地図を持っていて、緯度・経度が正しくわかる技術があれば、自分の国の成り立ちを語る中心として次のようにしたであろう。まず、本州最南端の潮岬を通る南北の線を引いて、その最北端との中間点にあたる場所をこの国土の中心として、この国を作った創始者の陵墓に定めよう。そして、その東西のいい塩梅のところにこの陵墓を守るべく、この国を作った神様を祀る神社を配置し、そこから、いろいろな物語をつくるための仕掛けを作るといった具合だ。しかし、これらは、あくまで、精密な日本地図、正しい緯度・経度の測定方法がなければ無理である。

今の私たちには、スマートフォンの中にある位置情報システムがあれば今どこにいるのかがわかるが、これを誰もが気軽に使えるようになったのもここ十年ばかりのことである。そもそもこの位置情報システムは人工衛星から発する信号をスマートフォンなどで受信するシステムである。伊弉諾《いざなぎ》神宮が創建されたのが404年頃とも考えられているので、おおよそ千六百年前の人々には、スマートフォンもない状態で今いる自分の位置が正確にわかる技術があったことになる。日本において、太古の人々がこのような技術をもっていたとすれば、それは素晴らしいことである。

一方、これがもし偶然であるとしたらその確率はどの程度のものだろう。後からこじつけているといわれても、確かにその通りかもしれない。しかし、このような偶然があちらこちらで生じるものであろうか。偶然であるとすれば、まさにこれは神々がお決めになったとしか考えられない。

日本において、古来より方角というものが非常に重要なものであると考えられてきた。平安時代には陰陽道に基づいた「方違《かたたが》え」という風習があった。その方角の吉凶を占い、その方角が悪いといったん別の方角にわざわざ出かけ、目的地の方角が悪い方角にならないようにして、さらにそこで泊まって次の日に目的地に向かうのである。

今でも、風水学を信じていたり、楽しみにしたりしている人々も多いだろうし、九星気学「開運方位術」で毎年吉方位が紹介され、その年の運勢が占われ、雑誌の後ろの方に書かれていたりするので目にする人も多いだろう。方角というものは、その人のいる位置によって決まるので、どのように吉方位というものが決まるのかはよく知らないが、橿原《かしはら》神宮・神武天皇陵から南北の方角というのは良い方角であるに違いない。

ここまで偶然が重なると、このようなことを定めた神々の存在を信じるしかない。さらに、時空を超えて、明治時代に平安神宮、橿原《かしはら》神宮を現在ある位置に鎮座させたのは、やはり神々の力を感じざるをえない。そのような神々の子孫が、皇室として現代の日本にも脈々とつながっているというのは、ただただ畏敬の念を抱くのみであると同時に、このような神々が今なお日本を見守って下さっている、そんな気がしてならない。

参考文献

［1］グラハム・ハンコック。『神々の指紋』大地舜訳、翔泳社、1996年。
［2］里中満智子。「マンガ古典文庫・古事記（小学館）。2013年。
［3］伊弉諾神宮ホームページ。https://izanagi-jingu.jp/
［4］OpenStreetMap®. https://www.openstreetmap.org
［5］日の出日の入時刻方角マップ。https://hinode.pics/
［6］出雲国風土記（いずものくにふどき）の原文と現代語訳。https://izumonokunifudoki.blogspot.com/
［7］出石神社ホームページ。http://www.izushi-jinjya.com/index.html
［8］「淡路島～神はナゼ淡路島を〝はじまりの島〟にした⁉～」：NHK　令和3年9月25日、10月2日放送
［9］公団社団法人日本看護協会ホームページ。https://www.nurse.or.jp/nursing/josan/oyakudachi/kanren/sasshi/room/index03.html
［10］伊勢神宮ホームページ。https://www.isejingu.or.jp/

[11] 橿原神宮ホームページ。https://kashiharajingu.or.jp/about
[12] 平安神宮ホームページ。http://www.heianjingu.or.jp/index.html
[13] 平安神宮百年史編纂委員会、宗教法人 平安神宮。『平安神宮百年史 本文編』。1997年。
[14] 北海道神宮ホームページ。天皇弥栄。第6回「すめらぎ」の意味について。竹田恒泰。http://www.hokkaidojingu.or.jp/sizume/column/takeda6.html
[15] 八坂神社ホームページ。https://www.yasaka-jinja.or.jp/about/history/
[16] 京都護国神社ホームページ。http://www.gokoku.or.jp/
[17] 泉涌寺ホームページ。https://www.mitera.org/about
[18] 伏見稲荷大社ホームページ。http://inari.jp/
[19] 椿大神社ホームページ。https://tsubaki.or.jp/
[20] 三重県多気郡明和町観光サイト。https://www.town.meiwa.mie.jp/kanko/meguru/saiku/1456195282294.html
[21] 大鳥大社ホームページ。https://www.ootoritaisha.jp/taisha/
[22] 大神神社ホームページ。http://oomiwa.or.jp/
[23] 石上神宮ホームページ。https://www.isonokami.jp/about/index.html

[24] 春日大社ホームページ。https://www.kasugataisha.or.jp/
[25] 国土交通省近畿地方整備局国営飛鳥歴史公園事務所ホームページ。https://www.kkr.mlit.go.jp/asuka/initiatives-heijo.html
[26] 唐招提寺ホームページ。https://toshodaiji.jp/ganjin.html
[27] 薬師寺ホームページ。https://yakushiji.or.jp/guide/garan_genjyo.html
[28] 宗像大社ホームページ。https://munakata-taisha.or.jp/
[29] 白兎神社ホームページ：https://hakutojinja.jp/sanpai/
[30] 身延町ホームページ：https://www.town.minobu.lg.jp/bunka/rekishi/2019-0104-syougai-tousyougu.html
[31] 寒川神社ホームページ。https://samukawajinjya.jp/
[32] 霧島神宮ホームページ。https://kirishimajingu.or.jp/
[33] 鹿児島神宮ホームページ。https://kagoshima-jingu.jp/index.php
[34] 鵜戸神宮ホームページ。https://www.udojingu.com/

著者
安藤渉（あんどう・わたる）
１９７３年生まれ。整形外科医。医学博士。灘高等学校卒業後、１９９９年大阪大学医学部卒業。関連病院研修後、２００６年大阪大学大学院卒業。カルガリー大学留学。関西労災病院、大阪大学での勤務を経て、現在は関西労災病院整形外科部長、大阪大学医学系研究科招聘准教授。専門は関節外科。疫学研究・再生医療研究等にも従事。厚生労働省特発性大腿骨頭壊死症調査研究班研究分担者。

神の社は何故そこに　～東経135度47分の神秘～

2023年3月20日　第1刷発行　　2024年4月10日　第2刷発行

著　者――――安藤渉
発　行――――日本橋出版
〒103-0023　東京都中央区日本橋本町2-3-15
https://nihonbashi-pub.co.jp/
電話／03-6273-2638
発　売――――星雲社（共同出版社・流通責任出版社）
〒112-0005　東京都文京区水道1-3-30
電話／03-3868-3275

ISBN 978-4-434-31130-7